大学の危機

―日本は21世紀の人材を養成しているか―

草原克豪

弘文堂

はじめに

日本の大学進学率は五〇％を超えた。短大を含めると五六％である。大学は誰もが学べる大衆的な高等教育機関となった。その一方で、学生が集まらずに定員割れを起こす大学が四割以上もある。そのためか、大学が多過ぎるという見方が一般的だ。需給のバランスが崩れていることは間違いない。しかしそのことが今日の日本の大学問題の核心ではない。日本の大学の抱える真の問題はもっと別のところにある。

今日の社会は激しい変化の波に洗われている。二一世紀は「知識基盤社会」と言われるように、知識が経済的価値を生み出す時代である。そこでは国を越えた熾烈な知的競争が始まっている。その中でこれからの日本を支え引っ張っていくのは、大学の卒業生にほかならない。大学が優れた人材を養成し、優れた研究成果を生み出していかなければ、日本の将来は危ういことになる。

日本は伝統的に教育熱心な国と思われてきた。たしかに大学進学率では国際的に見ても高いほうだった。ところが近年は、それまで進学率の低かったヨーロッパ諸国や韓国、中国などが急速に高等教育の拡充を図ってきたことに加えて、日本は大学院への進学率が低いため、現在では、日本はもはや高学歴社会とは言えない。むしろ低学歴社会である。さらに近年は、インド、中国、韓国などからアメリカに留学する大学生が急増しているのに、日本からの留学生は減る一方である。いったい何が起きているのか。

大学進学率や定員割れといった量的な側面だけに目を向けていると、問題の本質を見誤ってしまう。今我々に求められているのは、大学が社会から負託された使命を十分に果たしているかどうかを問い直すことである。果たして大学は、学生一人ひとりの能力を最大限に伸ばす教育をしているのか、グローバル化の時代に世界を舞台に活躍できる人材を育てているのか、多様化した学生のニーズに適切に応えているのか。こうした点を明らかにし、それに対する改善策を講じる必要があるのだ。

振り返ってみると、二〇世紀の大学改革のテーマは制度の改善であった。これに対して、二一世紀の大学改革のテーマは教育の質の向上である。この違いは重要な意味を持つ。なぜなら、制度の改善ならば政府によるトップダウン方式で進めることができるが、教育の質の向上となるとそうはいかないからだ。教育の中身の改革は、大学が主体となって進めなければならない。行政主導のトップダウン方式ではどうしても画一的になってしまい、かえってマイナスの効果をもたらしかねないのである。

ところが、現実には、政府が主体となって改革策を推進しようとし、大学は受け身に回っている。逆ではないか。これでは日本の大学教育は良くならない。改革を進めるには、政府の支援も必要である。しかし、それはあくまでも支援であって、改革の主体は大学でなければならないのだ。

もちろん個々の大学はそれぞれに努力をしている。入学前から宿題を出したり、新入生に対する指導法を見直したり、教員同士の授業参観を実施したり、企業インターンシップを実施したり、地域社会や海外での体験学習を取り入れたりといった取組は、もはやめずらしくはなくなった。どれも大事な取組ではある。認証評価制度も定着しつつある。

だがこれらはいわば過去から引きずってきた問題への対処であって、二一世紀の新しい課題に対する取組とは言えない。こうした小手先だけの取組だけでは、これからの時代の要請に応えることはできない。

重要なことは、今一度原点に立ち返って、各大学が自らの使命を再確認し、将来ビジョンを明確にすることだ。そのうえで、それに照らして現状を見たとき、どのような問題点があるのかを探っていくことだ。問題点が明確になれば、答えはおのずから見えてくる。

政府の支援の在り方にも、これまでとは違った新しい発想が必要になってくる。七七三校もある大学のすべてを一律に「下から支える」やり方ではうまくいかない。必要なのは、大学の使命・目的に沿った改革目標に向けて「上から引き上げる」施策である。上位の大学の質が向上すれば、他の大学もそれに倣おうと努力する。その結果として全体が良くなっていく。そのような正の連鎖反応が働く仕組みをつくる必要がある。

本書は、こうした視点に立って、日本の大学改革の諸課題についての著者の考え方をまとめたものである。その意味では、前著『日本の大学制度―歴史と展望―』の続編といってよい。ただし、これは大学改革の処方箋ではない。処方箋はそれぞれの大学が自らの手で作成すべきものだ。本書のねらいは、大学改革を考えるうえで重要な視点を明確にし、具体的な改善策の手掛かりを提供することにある。本書が日本の大学教育の質的向上に少しでも寄与することができれば幸いである。

二〇一〇（平成二二）年九月

草原克豪

目次

装丁　松村大輔

Ⅰ　二一世紀の大学改革は何を目指すのか

1　「制度」の改革から「教育の質」の改革へ

1　何のための改革か

日本の大学は、戦後半世紀にわたり急激な量的発展を遂げてきた。そして、二一世紀の今日、大学はさまざまな問題を抱え、自らの存続すら脅かされる大きな転換期を迎えている。

大学改革の議論は政府レベルでも盛んに行われている。だがその議論の内容は、部外者にとってはなかなかわかりにくい。総論と各論が入り混じって、全体として何を目指しているのか、大きな方向性が見えてこない。

時には問題の所在がわからないまま、答えだけを論じ合っているように見えることすらある。七七三校もある多様な大学のどの部分に焦点を当てて論じているのか、まったくわからないこともある。おそらく大学の関係者といえども、一部の専門家を除いては、ほとんどの人は審議会などの議論にはついていけないというのが実情ではないだろうか。

教育の問題は誰もが議論に参加できるテーマであり、十人集まれば十通りの教育論が出てくる。しかも一人ひとりの言い分はそれぞれに正しい。それぞれ自分自身の体験を持っているので、それに基づいて発言する限りどこも間違ってはいないからである。だがどんなに正しい意見であっても、それが政策論として相応しいかどうかはまた別問題だ。さまざまな議論を収斂させるためには、少なくとも議論に明確な目的が設定されていなければならない。議論の全体を俯瞰できるような大きな見取り図が必要になる。

大学は社会に対して重い責任を担っている。だからこそ、常に社会のニーズを的確にとらえながら不断に自己変革を進めていかなければならない。そのためには、小手先の改革ではなく、大学の使命や目的にまで遡って問題点を整理することから始める必要がある。それをせずにいくら各論ばかりを論じてみたところで、かえって混乱が増すばかりだ。始めに大学教育のあるべき姿を明確にし、それを実現するために必要な具体的な方策を考えるというプロセスが大事だ。

2　これまでの改革は戦後の大学制度の欠陥補修

戦後の教育改革によって新しい大学制度が発足したのは一九四九（昭和二四）年のことであった。それから六〇余年、その間ずっと、大学問題は政府にとっての重要な政策課題であり続けた。その中で実際に具体的な改革が大きく進展したのが一九九〇年代であった。その後二一世紀に入って、大学を取り巻く環境はさらに変貌を遂げ、改革の課題も大きく変化している。

振り返ってみて、これまでの半世紀間の改革の課題は、一言で言えば、戦後の大学制度が抱えていた制度的欠陥を補修することであった。新制大学制度が不完全なまま発足したため、その部分的な手直しに追われたのである。その不完全な制度的課題とは具体的にはどんなものだったのか。そのことを理解しておくことは、今後の改革を考えるうえでも必要なことであろう。詳しいことは、拙著『日本の大学制度』に譲りたいが、これまでの改革課題は大まかに以下の三点に整理することができる。

〈画一化と大衆化への対応〉

第一の課題は、大学の画一化と大衆化にどう対応するかということであった。戦前の旧制大学は五〇校にも満たなかったが、それが新制大学の発足と同時にいきなり二八〇校になり、その後も増え続けたのだ。今では七七三校にもなっている。

新制度の下で大学の数が増えた背景には、それまで存在していた大学以外の高等教育機関、すなわち旧制の専門学校や高等学校や師範学校などがすべて廃止されて、大学という一種類の高等教育機関に統合されることになったことと、私立大学の設置が容易になったこと、さらに六―三―三―四制の下で大学進学希望者が増えたことなどの要因が働いている。

その結果、実にさまざまな大学が誕生することになった。かつての帝国大学のような規模の大きい総合大学もあれば、単科あるいは複数の学部から成る小規模の大学もある。教育研究の環境や条件に恵まれた大学もあれば、大量の学生を受け入れて学生納付金に依存しなければ経営が成り立たないような大学もある。しかし、それらのすべてが制度上は同じ大学なのだ。実際には多様な大学が存在することになったにもかかわらず、あくまでもひとつの設置基準に基づいた同じ大学であるという矛盾した状況が生まれたのだ。そのために新制大学は発足当初からさまざまな問題を抱え込むことになった。

制度上同じ大学となったからには、大学間の格差を解消しなければならないという力学が一方では働く。しかし他方では、どう頑張ってみてもすべての大学が同じになることはありえないという現実がある。この建前と本音の狭間の中で矛盾を解決するには、大学を規制している設置基準を少しずつ弾力化していかざるをえないことになる。

その後の議論の過程においては、大学をいくつかの種類に分けて、それぞれの目的に応じた充実発展を図っていくという構想も検討された。だがそうした構想はそのたびに大学側からの強い反対に遭い、実現するには至らなかった。他方、その後大学の数がさらに増え、また社会経済の変化が激しくなるにつれ、個々の大学がそれぞれ独自の創意工夫をこらすことが求められるようになり、もはや一律の基準によってすべての大学を縛るというやり方では、変化する時代のニーズに適切に対応することができなくなってしまった。

そこで政府としては、大学に対する規制を大幅に緩めるという政策をとらざるをえなくなり、大学設置基準が緩和され、個々の大学がそれぞれの教育理念・目標に沿って一定の自由度をもって教育活動を展開することができるよう、大学制度の改革が進められたのである。その流れがピークに達したのが一九九〇年代のことであった。それと同時に、規制緩和と並行して、教育の質を維持する目的で、さまざまな評価制度も導入されることになった。厳しい設置基準によって大学の質を維持しようという当初の考え方から、緩やかな設置基準と事後の評価という二本柱によって質の維持向上を目指すという考え方へ方向転換していったのである。

二一世紀に入ると、こうした規制緩和は行政改革のあおりを受けてさらに加速化し、「事前チェック」から「事後評価」へという大きな流れの中で、現在では、政府として規制緩和できるところはほとんど緩和してしまったとの感すらある。かえって規制緩和が行き過ぎたという批判の声すら出ているくらいである。

〈一般教育の導入に伴う問題〉

第二の課題は、一般教育の導入に伴う問題への対応であった。戦前の旧制大学は三年制であったが、その前段階として高等学校(いわゆる旧制高校)が設けられていて、それが帝国大学の予科としての役割を果たしていた。帝国大学以外の大学においても独自の予科を設けているところがあった。すなわち旧制度の下では、まず三年間の高等学校あるいは予科で外国語を中心に一般教養の教育を受け、大学に進学した後は三年間の在学中にもっぱら専門分野の教育を受けていたのである。

ところが、戦後の教育改革によって学校制度は単線型の六―三―三―四制となって、大学は三年制から四年制となり、その中でいわゆる一般教育と専門教育の両方を合わせて実施することになった。その結果、どちらの教育も時間的な制約などから中途半端なものとならざるをえなくなった。それだけでなく、一般教育と専門教育はひとつの学部組織の中でうまく融和することができず、大学の授業科目は一般教育を行う前期課程と専門教育を行う後期課程とにはっきりと分離され、それぞれの区分ごとに一律に履修単位数が定められるようになった。それぞれの課程を担当する教員の組織も別であった。

そのうちに大学の数がさらに増え、時代が変化するにつれて、このような画一的な履修規定ではあまりにも窮屈に感じられるようになったため、前に述べたように、それぞれの大学のニーズに合わせて弾力的な取扱いができるよう徐々に大学設置基準が改められることになる。そして最終的には、一九九一（平成三）年、一般教育と専門教育という授業科目の区分そのものが廃止され、それ以降、四年間の一貫した学部教育の中でどのような内容の教育をどのように実施するかは、それぞれの大学の自由裁量に委ねられることになったのである。これにより、一般教育の扱いをめぐる長年の懸案は一応の解決を見ることになった。

しかし、解決を見たのは実は形の上だけであって、実際には、その後は多くの大学においてそれまでの一般教育科目の科目数や時間数が減らされ、教員の補充もあまり行われず、結果的に教養教育が軽視されるという新たな問題が生じることになった。そのため、政府のほうも改めて教養教育が大事だとの認識に立ち、中央教育審議会からも教養教育の在り方についての答申が出されることになった。

だが、それにもかかわらず、教養教育を含めた四年一貫のカリキュラムを具体的にどのように構築すべきかについては、一部の大学を除いては、まだ暗中模索というのが実情であろう。

〈管理運営体制の不備〉

第三の課題は、大学の管理運営体制の不備への対応であった。戦前の旧制大学は文部省の強い監督下に置かれていたが、戦後の新制大学は一定の意思を持って権限を行使できる組織に生まれ変わった。そうである以上、組織を運営するための適切な仕組みが必要である。本来ならば、新制大学の発足に間に合うように大学の管理運営体制の規定を整えておくのが当然であり、関係者もそのように考えていた。ところが、そのための時間的余裕が十分ではなかったこともあって、結果的には、きちんとした管理運営の仕組みを欠いたまま、不完全な形で新制大学が発足することになってしまったのである。

その経緯をもう少し詳しく述べてみよう。新制大学の発足に先立って、大学運営に責任を持つ機関をどのようにするかについて議論が行われ、国立大学や公立大学の管理運営に関する法案まで作成された。そしてそれが国会に提出され、もう少しで採択されるところまでいった。ところが、たまたま国会が急に解散となったため、そのあおりでせっかくの法案も廃案となってしまったのである。そのため、新制大学はきちんとした管理運営体制を欠いたまま、取りあえず暫定的な措置として教授会に管理運営の責任を委ねる形で発足することになった。その結果、「教授会」が学内のあらゆる問題について権限を行使することになり、それがその後多くの大学において正常な大学運営を阻害する最大の要因となってしまったのである。

政府としては、この問題を非常に重く受け止め、その後も何度か大学の管理運営に関する法案を提出する機会を窺っていた。だが、一九五〇年代から六〇年代の時期、こうした政府の動きに対しては、政治的立場を異にする左翼の反対勢力が非常に強く、結局何も具体的な進展を見ないままに時が過ぎてしまうことになる。こうして、「当分の間」のはずだった「教授会自治」がいつの間にか恒常的な慣行となってしまったのだ。その後は、教授会が大学を牛耳ることに何の疑問も抱かない人たちが多くなり、それにひきかえ、大学のトップである学長の権限は非常に限られたものになったことは言うまでもない。

二〇〇四（平成一六）年に実施された国立大学の法人化は、もともと行政改革の一環として浮上した構想であるが、それが大学改革の議論と合流する形で実現したことで、長年の懸案であった国立大学の管理運営体制の問題についても、少なくとも部分的な答えを提供することになった。すなわち、それまでは文部科学省の一部局という位置づけになっていた国立大学が、より独立性の高い法人組織となり、それに伴い、学長を中心とする大学運営の体制が強化されることになったのである。

しかし法人化しただけで管理運営体制の問題がすべて解決されたわけではない。学長の権限が強化されたとは言え、大学運営上のもっとも大きな課題である学部教授会の在り方についてはほとんど何も変わっていないし、文部科学省による規制や監督も相変わらず残っている。法人制度の設計そのものに関わるような問題点も含めて、今後さらに検討すべき課題が残されていると言わなければならない。

3　二一世紀の課題は「教育の質」の向上

以上簡単に振り返ってみたように、戦後半世紀にわたる大学改革の課題は、ほとんどが新しい大学制度の発足に伴う制度的な欠陥への対応であった。そのような制度改革への取組は、二一世紀を迎えた時点で、国立大学の管理運営体制に関する問題の一部を除いてはほぼ終了したと考えてよい。したがって、我々が直面している二一世紀の大学改革は、これまでのような二〇世紀後半における大学改革とは本質的に異なるものである。

他方、戦後の制度改革に半世紀も要したため、その間に先送りにされてきた問題も少なくない。それだけになおさら、当面する問題の解決には多くの困難を伴うことを覚悟しなければならない。こうした新しい課題に取り組むには、過去の延長線上の発想で改革に取り組んだのでは対応を誤ってしまう。新しい改革課題の本質をきちんと理解したうえで、二一世紀の問題の解決に向けて適切な対応をしていく必要がある。

では二一世紀の大学改革の課題とは何か。それは「教育の質」の向上である。もちろんこれまでも質の向上が課題でなかったというわけではない。だが、大学は「象牙の塔」と呼ばれた古い体質から脱皮できず、教育の中身について自ら積極的に改革していく体制にはなっていなかった。また、政府としては、その前に解決しておかなければならない制度的な問題がたくさんあったため、そちらの対応に追われてきたのである。

しかし今や時代は大きく変化した。大学はもはや象牙の塔ではない。学生からはもちろんのこと、社会の各方面からの厳しい評価を受け、批判にもさらされている。それは大学に対する期待の裏返しでもあり、国際社会の中における日本の厳しい立場を反映した危機感の表れでもあるといってよい。

二一世紀は「知識基盤社会」と言われるように、知識が経済的価値を生み出す時代であり、国を越えた知的競争が熾烈を極める時代である。そのような時代に日本の社会を支えていくのは大学であり、大学の卒業生である。大学教育の質が、国や国民一人ひとりの命運を左右する時代を迎えているのだ。

大学が優れた人材を養成し、優れた研究成果を生み出していかなければ、日本の将来は危うい。だからこそ、大学がそうした社会の要請に応えて「教育の質」を高めていくことが、これからの大学改革の主要課題でなければならないのである。

4 大学教育の根幹から問い直す

ところで、「教育の質」の向上とは何か。すでに多くの大学において授業の質を高めるためにさまざまな取組が行われている。シラバスの作成や、学生による授業評価などはどこでも行われている。教員の資質向上を目指すＦＤ活動(ファカルティディベロプメント)も定着しつつある。成績評価を厳格にするための取組も進んでいる。履修科目の平均点を表すＧＰＡ(グレードポイントアベレージ)という欧米の大学で採用されている成績評価制度を導入する大学も増えている。

たしかにこれらはいずれも大事な取組ではある。だがこうした小手先の取組だけで日本の大学教育の質的な改革が実現できるとは考えられない。なぜなら、今日の日本の大学に問われているのは、個々の大学における授業運営レベルでの問題というよりは、もっと大きな大学の使命や機能といったレベルでの問題だからである。

「教育の質」を問題にするということは、突き詰めて言えば、大学が社会から負託された使命を十分に果たしているかどうかを問い直すことである。果たして大学は、学生一人ひとりの能力を最大限に伸ばす教育をしているのか、グローバル化の時代に世界を舞台に活躍できる人材を育てているのか、多様化した学生のニーズに適切に応えているのか。こうした視点から大学教育の根幹を問い直し、問題点を明らかにし、それに対する改善策を講じる必要があるのだ。

そのためにはまず、大学の使命や目的を改めて確認することから始めなければならない。すなわち、大学とは何か、大学は何のためにあるのか、何を目的としているのかということを明確にする必要がある。そのうえで、その目的を達成するためにはどのような教育を行う必要があるのか、どのようなカリキュラムを編成する必要があるのかということを議論しなければならない。

本来ならば、こうした問題について常に考え、必要な方策を講じていくのが大学の経営者や大学行政の責任者の役割であろう。だが、これまで日本の大学は、政府からも企業からも、学生からも親からも、教育の中身について厳しく問われることがなかった。政府のほうもそこまでは手が回らなかった。しかし、いつまでも大学教育の根幹に関わる議論を避けていたのでは、日本の大学の未来は拓けない。

2　大学の責任と政府の役割

1　改革の主体は大学自身

大学改革の課題が「制度」から「教育の質」に移ったということは、改革の進め方も今までとは異なったものになることを意味している。このことを関係者がしっかりと認識する必要がある。

制度改革の時代には、改革を進めるのは政府、つまり文部科学省であった。改革の方向性を議論する過程においては、中央教育審議会や、ある時期の大学審議会が重要な役割を果たしてきた。しかし、改革の課題が教育の中身に移った今日、改革の主体は文部科学省ではなく、大学自身でなければならない。

ところが、近年の状況を見ると、相変わらず文部科学省の主導でさまざまな施策が進められていて、大学は受け身に回っている。文部科学省からの指示を待ってそのあとで動き出せばいいという「待ちの姿勢」の大学も多い。学内の改革には手をつけずに政府の財政支援の増額を訴えるだけの陳情型の学長もいる。

一昔前までの制度改革の時代ならばそれでもよかった。だが、現在のように教育の質の改善が改革の主要課題となっている時、肝腎の大学がいつまでも受け身の姿勢でいることは許されない。大学は七七三校も存在し、ますます多様化している。この現実を踏まえるならば、教育の質を高めるための具体的な取組は個々の大学の創意工夫の中からしか出てこないことは明らかだ。行政主導によるトップダウン方式ではうまくいかないのである。大学自身が社会の公器としての責任を自覚し、高い見識を持って主体的に取り組まない限り、大学教育の質の向上はありえないのだ。政府の側もそのような認識に立つ必要がある。

大学改革は誰のために行うのか。それは政府のためではない。大学自身のためである。大学改革は大学が自らの存続と発展のために必要なのであり、だからこそ、大学自身の責任で主体的に取り組まなければならないのだ。

しかし、最終的に大学を評価するのは広い意味での顧客である。あるいはステークホールダーといったほうがよいかもしれない。具体的には、それは学生であり、親であり、企業であり、地域社会であり、日本の社会全体である。諸外国からの評価も無視できない。大学は高等教育機関として、その成果を社会から厳しく監視され、評価される立場に置かれており、したがって、そうした外部の顧客あるいはステークホールダーに目を向けながら教育の質の向上を図っていく必要があるのだ。中央の政府や評価機関のほうにばかり目が向いてはいけないのである。

2　政府の役割は改革推進の基盤づくり

改革の主体は大学自身でなければならないと述べたが、では大学改革における政府の役割は何もなくなったのかというと、もちろんそうではない。大学教育の中身を良くするうえで、政府の果たすべき役割は決して小さなものではない。政府は行政的な観点から、責任をもって必要な施策を実行しなければならない。

改革の実施主体が政府から大学に移った今日、政府に期待される役割とは、さまざまな形で大学の自己改革を支援することであろう。具体的には、制度設計や資金の配分や情報提供などを通じて大学を支援することである。

ただしその方法論を間違えると、かえって大学の主体性を損なうことになりかねない。行政の立場から踏み込んでいい領域と、それ以上は踏み込んではいけない領域というものがあるからである。教育の中身に関することに行政がどこまで踏み込んでよいのか、その点に関しては、慎重な対応が求められるのだ。

大雑把な言い方をすれば、政府の仕事は全体的な立場からの制度改革や資金配分であって、個々の大学の教育運営の一部分に対して直接資金を配ったりすることではない。政府は大学の主体性あるいは自治の精神を尊重しなければならないのだ。

他方、大学人も自らの責任で大学を守り育てるという気概を持たなければならない。大学がいたずらに閉鎖的になってはいけないが、それでもやはり、学問に関しては、大学自治の基本姿勢を大事にしながら、自らの責任で社会の公器としての役割を果たすという覚悟が必要だ。

3　大学の多様性を尊重する

大学とひと口に言っても、七七三校もあると、それぞれに期待される社会的使命も異なれば、ねらいとする教育の目的・目標も異なる。校風も、専攻分野も、卒業生の進路も異なる。実にさまざまな違いがあるし、違いがあって当然である。そうした多様性をもたらす主な要因は、学生の多様化である。進学率の上昇は必然的に学生の多様化をもたらし、それが大学の多様化を促すことになるのだ。にもかかわらず現実には、こうした大学の多様性を無視したような議論が行われることが少なくない。そして無意識のうちにすべての大学を一律に扱ってしまうという過ちを犯しやすい。

世界に伍して活躍できる専門家や研究者を養成し、創造的な研究成果を挙げることを目指している大学と、もっと一般的な意味での職業人や良き市民の育成を目的としている大学とを一緒にして議論するのは間違いだ。明確に区別をして、それぞれの目的に見合った改革方策を議論する必要がある。ただし、前者のような高度の教育研究を行う大学だけが重要で、後者のような大学は重要でないということではない。要は大学の多様性を踏まえるということである。

大学の多様性を踏まえるということは、教育の目的・目標の多様性を認めるということである。間違っても、すべての大学を単一の尺度でもって評価したり、ましてや序列化したりするような愚を犯してはならないのだ。

4 「下から支える」よりも「上から引き上げる」

「教育の質」の向上がこれからの大学改革における重要課題だとすれば、当然のことながら、政府の取り組み方も変わってこざるをえない。これまでのようにすべての大学を同一に扱って「下から支える」手法では望ましい効果は期待できないだろう。たとえば、設置基準による質的水準の確保、認証評価による教育研究水準の維持向上、あるいは学士力の保証などといった発想では、かえって画一化を招くことにもなりかねない。仮にそれで底辺の大学を多少良くすることはできたとしても、上位の大学の改善にはつながらない。

むしろ、大学の使命や機能に着目しながら、ある目標に向けて「上から引き上げる」ための施策が必要になってくる。それによってトップクラスの大学の機能が向上する。トップが良くなれば、他の大学もそれに倣おうと努力する。このようにして、全体がさらに高いレベルを目指して自ら努力を積み重ねるような環境を作り出すことが重要である。

3　二一世紀の大学の使命

1　大学の目的と機能

〈教育?・研究?・社会貢献?〉

大学教育の質を問題にするならば、何よりもまず、大学の果たすべき使命を明確にする必要がある。そしてその使命を果たすためにはどのような教育を行うべきかという目標を定める必要がある。そのうえでそれに照らしてみた時、現状にどのような問題点があるかを明確にし、必要な改善策を講じなければならない。

大学の使命といっても、それは個々の大学によって異なってくる。しかしながら、個々の大学を合わせた総体としての大学という機関が社会からどのような役割や機能を期待されているのかということについては、一定の合意があるはずだ。個々の大学はそうした大学全体としての使命の一部を担う形で、それぞれの個性や特色を発揮しながら自分に与えられた社会的役割を果たしているのである。そのような観点から大学の使命を改めて問い直し、それに沿ってそれぞれの大学として果たすべき役割を明確にし、現状の問題点を検証していくことが、大学を良くするための改革への第一歩である。

では、日本の大学は一体どのような目的や機能を期待されているのだろうか。

大学の目的は法律上、教育基本法や学校教育法によって定められている。一九四七（昭和二二）年に制定された旧教育基本法には大学のみに関する規定はなく、同時に制定された学校教育法において、「大学は、学術の中心として、広く知識を授けるとともに、深く専門の学芸を教授研究し、知的、道徳的及び応用的能力を展開させることを目的とする。」と規定されていた。

二〇〇六（平成一八）年の改定教育基本法においては、新たに「大学は、学術の中心として、高い教養と専門的能力を培うとともに、深く真理を探究して新たな知見を創造し、これらの成果を広く社会に提供することにより、社会の発展に寄与するものとする。」（第七条）との規定が設けられた。

同時に学校教育法も改正され、それまでにもあった前記の目的規定に加えて、新たに「大学は、その目的を実現するための教育研究を行い、その成果を広く社会に提供することにより、社会の発展に寄与するものとする。」（第八三条第二項）との規定が付け加えられた。

このように現在の教育基本法と学校教育法においては、大学の役割に関して多少の文言上の違いはあるものの、基本的には同じような趣旨の規定が設けられている。それを端的に言い表せば、大学の使命は、「教育と研究と、その成果による社会の発展への寄与」ということになるであろう。教育の中には、教養と専門的能力の両方が含まれることも明確に示されている。

こうした考え方は決して日本だけのものではなく、現代においてはどこの国の大学にもほぼ共通するものであろう。かつてスペインの哲学者オルテガ・イ・ガセットは、一九三〇（昭和五）年に著した名著『大学の使命』の中で、大学の機能を、第一に教養の伝達、第二に専門職教育、第三に科学研究と若い科学者の育成であると述べているが、それとも相通じるところがある。

〈新しい時代的要請に応える〉

ただし二一世紀の大学には、それまでとは異なった新しい時代的要請というものもある。改定教育基本法や学校教育法において、それまでは明示されていなかった「社会の発展への寄与」が強調されているのはその表れといってよい。だがこれをどう解釈すべきか。

社会の発展への寄与とは、あくまでも教育と研究の成果を活かすことによって達成されるものであって、あえて強調するまでもなく、もともと大学の伝統的な機能の中に含まれていたものと考えることもできなくはない。にもかかわらず教育や研究と並ぶ形で社会貢献が強調されるようになったのは、それまでの大学が「象牙の塔」に閉じこもったままで現実から遊離しがちだったからである。そのような大学の姿勢に警鐘を鳴らし、二一世紀の知識基盤社会の中で大学に求められるのは従来のような閉鎖的な空間の中での教育と研究だけではないということを明確にするためであった。その意味で、基本はやはり教育と研究である。

この新しい規定を受けて、近年は大学側も社会貢献の活動に積極的に取り組むようになってきた。だが問題がないわけではない。大学の中には、特に法人化した国立大学においては、社会貢献の度合いが点数化されて評価されるため、社会的サービスの対価としての外部資金の獲得をめぐる競争が激化し、それが時には自己目的化してしまう。そのために優秀な教員が駆り出されて多忙を極めるといったこともめずらしくはない。

外部資金は少ないよりは多いほうがいい。それを獲得するためにさまざまな工夫をすることも必要なことだ。大学特産品を開発して売上収入を挙げるのも悪いことではない。しかし、こういった取組はすべて社会貢献という目的を達成するための手段に過ぎない。しかもその目的である社会貢献は、教育や研究の成果を前提にしてはじめて可能になるものである。社会貢献のために大学本来の教育や研究活動がおろそかになったりするのは本末転倒である。そのようなことにならないよう細心の注意が必要だ。

そのためには、当事者たちがしっかりした大局観を持ち、自制心を発揮しなければならないことは言うまでもない。しかし、この問題に関しては、個々の大学レベルでの対応には限界がある。大学を評価する立場にある人たちの側にこそ、高い見識が求められていると言うべきであろう。

社会貢献以外にも、現代の大学に求められる新しい機能がある。それは大学の大衆化に伴うものである。オルテガの時代の大学は、今日のように大衆化した大学ではなかった。誰もが高等教育を受けるようになるとは考えられていなかった。しかしその後、高等教育が大衆化してくると、それに伴って、大学でどのような知識を教えるべきかという教育内容についても、現状の見直しと新しい発想が求められることになる。大学が大衆化するということは、大学の目的や機能が多様化するということでもあるのだ。

〈現代の大学に求められる新しい機能〉

今日の大学は、一部のエリートだけのものではない。同年齢層の半分以上が進学するユニバーサル化した高等教育機関である。しかも科学技術の進展、特に情報通信技術の発達はますます地球を狭くし、その中で常に新しい知識を身に付けていくための生涯学習の場として大学の果たす役割の重要性も高まっている。そのような人学に求められる新しい機能は、何よりも学生の多様化に見合った新しい教育内容を提供することであろう。すなわち、多様な学生に対して多様な人生設計を可能にさせることが、これからの大学に求められる重要な機能のひとつになっていくと考えられるのだ。

中央教育審議会が二〇〇五（平成一七）年にまとめた答申「我が国の高等教育の将来像」では、大学は、①世界的研究・教育拠点、②高度専門職業人養成、③幅広い職業人養成、④総合的教養教育、⑤特定の専門的分野（芸術、体育等）の教育・研究、⑥地域の生涯学習機会の拠点、⑦社会貢献機能（地域貢献、産学官連携、国際交流等）の七つの機能を持つべきこととされている。文部科学省は現在これに基づいて大学の機能分化を図っていく方針のようだ。

それはそれで結構だが、大学の使命や目的といった観点から現状の問題点を洗い出すための議論の枠組としては、この七項目はいささか複雑過ぎる。全体を眺めると、切り口の異なる項目が混在しており、それらを大学の機能として同列に論じてよいものかどうか疑問に思われる。

したがって、本書においては、現代の大学の基本的な使命としては、オルテガが指摘した三つの機能にユニバーサル化の時代に求められる新しい機能を加えて、以下の四つの項目に整理し、第Ⅱ章以下において、それぞれの観点から日本の大学の問題点を探り、問題解決の方法について検討していくことにしたい。

① 教養ある社会人の育成
② 質の高い専門家の養成
③ 知見の創造
④ 多様な人生設計への支援

ただし、これらの機能は大学というシステム全体に対して求められているものであって、必ずしも個々の大学がこれらのすべてを目指さなければならないというものではない。個々の大学は、それぞれの判断により独自の使命を明確にし、それを通じて大学システム全体としての機能の充実に貢献できればよいのである。

〈研究を支えるは研究者〉

上記の四つの機能のうち、「知見の創造」に関しては、研究は大学の重要な機能のひとつではあるが、本書では研究活動あるいは研究体制に関わる諸問題については正面からは取り上げずに、若手研究者の育成問題に絞って考察することにする。

その理由は、ひとつには、研究はそれだけで大きなテーマであり、大学改革の視点からのみ論じるのは難しいという事情もある。だがそれだけではなく、大学の研究は本来研究者の知的好奇心に基づいて行われる自発的な活動が基本であるだけに、その成果は何よりも研究者という人的要素に依存する度合いが極めて大きいからである。

さらに、研究を支える重要な要素である研究費の確保については、近年は科学研究費補助金をはじめとする予算措置が充実してきており、そのため、優れた若手研究者がきちんと育成されさえすれば、おのずから高い水準の研究成果も期待できると考えられることも、研究者育成に焦点を絞ることにした理由である。

研究費については、最近の科学技術予算の推移を見ると、予算さえ増やせばよいといった風潮が目立ち過ぎる。予算額の扱い方や、どの分野に予算をつけるかといった分野間のバランスについての判断の仕方が、いささか荒っぽ過ぎるのではないかとの印象を受けることが少なくないのである。

しかし、研究活動を支えるのは研究者である。個々の研究機関の立場からはお金がもっとも重要な関心事かもしれないが、国全体の立場から大学の機能を考える場合は、次世代の研究者をどう育てるかということのほうがよほど重要な課題でなければならない。だがそれにしては、科学技術政策の議論において研究を担う人材養成に対する関心が薄過ぎるように思われてならない。

〈教育と研究のバランス〉

教育と研究のバランスの問題も指摘しておきたい。大学の機能として教育と研究が重要なことは言うまでもないが、両者の関係についての教員の意識には問題が多い。本来大学は高等教育機関であることから、教育こそがもっとも重要な使命であるはずだ。ところが、日本の大学教員は自分を研究者として見る傾向が強過ぎて、教育を軽視し過ぎている。

もちろん研究も大事だ。だが、それはすべての教員に等しく課せられている義務としての業務とは趣を異にしていると思う。大学教員の給与は何に対して支払われているのかと言えば、それは教育というサービスの対価として支給されていると考えるべきだ。もしも研究の対価として支払われるのであれば、それに費やす時間、あるいは個々人の能力や成果に応じて支給金額に差をつけなければ理屈に合わないことになるだろう。

大学の教員にとって、といっても研究所の教員などは別だが、通常の教員にとっては教育はいわば職務上の義務として行わなければならない仕事である。それに対して、研究はどちらかというと趣味のようなものだ。自発的な活動として公認されている高尚な趣味といってよい。だからこそお金では計ることのできない価値があるとも言える。

大学院においては教育と研究を完全に切り離して考えることは難しいかもしれない。しかしそうは言っても、大学としての組織的な研究活動を展開するためには、何よりもまず優れた能力と実績を持つ研究者が存在しなければならないし、研究を支える優秀な大学院生が育っていなければならない。まさに人あっての研究である。お金よりも人のほうが重要なのである。こうした視点に立つと、「知見の創造」における大学の重要な役割は、個々の教員の研究活動もさることながら、それ以上に将来の研究者や高度専門職を育成することにあると考える必要があるのだ。もちろん、その場合でも、教員には研究者としての側面を持ち合わせていることが望まれるのは言うまでもないことである。

知見の創造は、大学に期待される重要な使命のひとつではあるが、その責任を組織的に担っているのは主として研究所である。これに対して教育組織としての大学では、たとえ大学院と言えども、研究と一体化した形での研究者の養成が第一義的な使命であり、そのために個々の教員の研究活動が必要になり奨励もされているのだ。言い換えれば、教育を犠牲にして研究成果を挙げることは求められてもいないし、許されるべきでもないということである。

2　教育に国境はない

〈国境を越える学生〉

二一世紀の世界はいくつかの点でこれまでの時代とは大きく異なる。変化をもたらしているのはあらゆる分野におけるグローバル化の進展である。大学もその影響を免れない。

今日、交通や情報通信手段の発達によって世界が狭くなり、あらゆる問題が瞬時に全地球的な広がりを持つようになった。グローバリゼーションの波は経済の領域では以前から顕著だが、それ以外の領域にも及んでいる。教育もその例外ではない。その結果、国家がなくなることはないにしても、国境の持つ意味はどんどん小さくなっていく。「学問に国境はない」という言い方は昔からあるが、まさしく「教育に国境はない」という時代に向かっているのだ。

すでにヨーロッパでは、ボローニャ宣言に基づいて域内の大学間の単位互換が進み、学生の流動性が高まっている。アメリカの大学には世界中から留学生が集まってくるし、ハーバード大学をはじめとして、在学中一年間の海外留学を学生に経験させることにしている大学も増えている。このことはまた、世界の多くの国々で、外国人留学生を受け入れることを前提とした大学教育が展開されていることをも意味している。

さらにアメリカなどの有力大学では、外国人留学生が来てくれるのをじっと待っているのではなく、自ら積極的に出かけていって、優秀な学生を獲得するための勧誘活動を展開している。日本の大学でも、立命館アジア太平洋大学や早稲田大学など、アジアの国々に出かけていって積極的に学生募集を行う大学が出てきている。これからは外国人留学生の受け入れ数を云々するのではなく、いかにして優秀な外国人留学生を獲得するかが大きな課題となっていくだろう。ということは、自国の優秀な若者が自動的に国内の大学に進学してくるとは限らないということでもある。

〈大学の国際競争力〉

日本の場合は、言語の問題などもあって、少なくとも現在のところは優秀な高校生は国内の大学への進学を目指して勉強している。だからこそ国内の有力大学は、黙っていても自己の優位な序列を維持することができると安心している。

しかしそれは極めて危うい考えだ。これだけ急速にグローバル化する世界にあって、学習意欲が高く将来を嘱望される高校生が広く世界に目を向け、国際性の乏しい日本の大学よりは、もっと自分の能力を伸ばせる教育環境を求めて海外の大学に進学しようと考えたとしても、何ら不思議ではない。現在はまだそのような高校生は帰国子女などごく少数に限られていて、普通科の高校には少ない。しかし日本の若者がいつまでも日本国内の大学だけを目指して勉強すると考えるのは、もはや現実的とは言えないだろう。

最近は日本からアメリカへの留学生数が減少していることが問題になっているが、この問題も、企業が外国の一流大学の卒業生を積極的に採用するようになれば、一挙に状況が変化する可能性がある。そうなれば、高校生の意識は大きく変わるはずだ。英語力があり、経済的にも恵まれた優秀な高校生ならば直接ハーバード大学やスタンフォード大学などを目指すようになるにちがいない。

外国の大学のほうから日本の優秀な若者に触手を伸ばしてくることも十分考えられる。ちょうどプロ野球の世界がそうであるように。すでにアメリカの有力大学は卒業生ネットワークなどを通じて日本の中学・高校生と父母を対象にした進学説明会を開いている。こうして近い将来、日本の大学は優秀な日本人受験生を確保するためにも、否応なしに本格的な国際競争に晒されることになるのだ。そのための備えは今からしておく必要がある。

変化の激しい世の中においては、大学を卒業した後も最新の知識や技術を身に付けるために学び続ける必要がある。そのために本格的な生涯学習の時代を迎えることになるだろう。グローバル化の基盤である情報通信技術の進展は、学習の仕方をも大きく変える。これまでのようにすべての学生が大学の教室で一斉に学ぶといった伝統的な学習方式は見直しを迫られ、正規学生、通信教育学生、パートタイム学生といった概念も通用しなくなる時が来るにちがいない。もちろんインターネットを利用した教育も増えるであろう。

その中で大学は、誰のためにどのようなカリキュラムを用意するのか、それを教える人材をどう確保するのか、教員の教育力をどのようにして維持向上させていくのか、といった課題に正面から取り組まなければならなくなるのだ。

3　アジアと向き合う

〈アジアの時代〉

グローバリゼーションの流れの中で特に注目されるのは、世界におけるアジア、特に中国の台頭である。日本は明治維新以降、西欧の先進諸国をお手本にして近代化の道を歩み、そのために西洋の学問も輸入してきた。その西欧の先進諸国は、今日では社会の成熟化とともに人口が減少し、少子高齢化に向かっていて、活力ある経済的な発展は期待できそうにない。

世界一の大国であるアメリカの貿易相手国としては、南北に隣接するカナダとメキシコが最大であるが、それ以外では中国と日本の占める割合が大きい。日本にとっても中国が今や最大の貿易相手国となっている。これからの世界の経済発展を支えるのは膨大な人口を抱える中国をはじめとするアジア太平洋地域だと言われる所以である。

こうした時代の変化を象徴するかのように、二〇一〇（平成二二）年には、日本は一九六八（昭和四三）年に西ドイツを抜いて以来維持してきた世界第二の経済大国の地位を中国に譲り渡すことになった。もっとも、一八世紀末までは中国とインドだけで世界経済の半分を占めていたのだから、歴史の大きな流れから見れば、経済活動の中心舞台が二世紀ぶりにアジアに回帰しつつあるということであろう。

そうした中で、アジアからアメリカの大学に留学する学生数が急増している。中でも多いのはインド、中国、韓国からの留学生だ。これと歩調を合わせるかのように、欧米の有力大学は中国の大学や研究所との連携を強める形で知的交流基盤の重心をアジアへと動かしつつある。今後はアジア地域内でも大学間の連携協力が進み、教授陣の研究拠点の形成が進展するとともに、学生の流動性も高まっていくことは間違いない。

日本としては、西欧以上に少子高齢化が進む社会を抱え、これからも高度の科学技術能力を活用しながら、アジア諸国との連携を通じて労働力不足の問題を解決し、地域の発展に大きな貢献をしていく道を選択することになるだろう。その過程においては、大学が知的基盤の中核として重要な役割を果たさなければならない。アジアにはすでに国境を越えた経済圏が成長しつつあるが、教育面においても、大学を中核とする広域的な学習圏が誕生することになる。その中で日本の大学がどのような役割を担っていけるかが大きな課題となってくるのだ。

日本はアジアの人材育成に貢献するために留学生の受け入れを増やしていく必要があるし、卒業後も彼らとの関係を大切にし、かつその能力を活用する機会を提供していく必要がある。逆に日本からのアジア各国への留学生も増やす必要がある。日本の大学は、中国や韓国と競争しながら、これまで以上にアジアに目を向け、アジア各国との知的連携を強めていかなければならない。欧米との交流だけが国際交流という時代ではなくなっているのだ。

〈イスラムへの理解〉

アジアに目を向けるということは、これまで関心の薄かったイスラム世界と正面から向かい合っていかなければならないということをも意味している。日本は明治維新後、ヨーロッパ先進諸国に学んで近代化を進めてきたという経緯もあり、イスラムに対する関心は極めて低く、知識も乏しい。アジアに目を向けることは、我々日本人にとって、イスラムへの目を開くことでもあり、イスラム世界を視野に入れたバランスのとれた世界観を形成することにもつながっていく。日本はキリスト教を信じる欧米諸国と違ってイスラム世界と戦った歴史を持たないだけに、イスラム圏との相互理解と協力の可能性は大きいと思われるし、しかもそれは双方に益をもたらすものとなるであろう。

4　人類共通の課題に挑戦する

〈地球社会の持続可能性〉

二一世紀の今日、これからますます重要性を増すのは、地球社会の持続可能性への取組である。二〇世紀が人間活動のフロンティアを拡大する時期であったとすれば、二一世紀はいかにして地球環境を維持しつつ人類社会の持続的な発展を図っていくかという、新しい課題に挑戦する時代になる。

これまでは国内で何か問題が生じた時には、外国のどこかに模範解答を求めることができた。しかし、二一世紀の新しい課題に対しては、出来合いの答えは存在しない。自分で解決策を見出していかなければならない。いや答えだけでなく問題そのものも自分で見出していく必要がある。その意味で二一世紀という時代は、世界の動向に目配りをしながら、自ら世界の先頭に立って未知の学問を開拓していかなければならない時代である。世界の大学は着実にこうした人類共通の課題に向けた知的な取組体制を強化しつつあるのだ。

〈**知見の動員**〉

そのためには、学問のための学問でなく、人間や社会のために役に立つ学問を推進することがますます重要になる。たいていの問題は、ひとつの学問分野だけで対応できるものではないため、さまざまな学問分野の知見を動員することも必要になる。そうなると、狭い縦割りの世界に閉じこもっていては駄目だ。広く横断的な協力体制を築いていくことが重要になってくる。そのためには学問分野間の連携を図ったり、大学間の連携を図ったりする必要があるのはもちろんだが、さらに広く、大学と産業界や地域社会との連携を強化することも、ますます重要な課題となってくるだろう。

このことは大学の教育研究の在り方にも大きな変革をもたらすことになる。具体的には、これまでのようなきちんと体系化された学問の成果を一方的に教授するといった学習形態の見直しが求められるだろう。自然との調和を大事にする東洋的なものの考え方にも関心を向ける必要が出てくるだろう。早い段階から狭い専門分野に入り込むような教育の体制も改めなければならなくなるだろう。

つまり、学問の方法においても、また教育研究の組織体制においても、従来とは異なった新しい発想が必要になってくるのだ。すでにそのような試みを始めている大学もある。古い常識にとらわれていたのでは対応できない。時代の変化に合わせて、思い切った発想をすることが求められるのだ。

〈**足元からの取組**〉

未知の学問を開拓していくためには、何よりもまず、足元からの取組を始める必要がある。ローカルなベースがあってはじめてグローバルな貢献が可能になるのである。そのためには大学自身の目が地元の地域社会に向いていなければならない。地域の持続可能性を自分の問題としてとらえる感性、地域のニーズに応えることを重視しようとする使命感、地域の人たちと一緒になってさまざまな問題の解決に取り組もうとする姿勢が必要になってくる。

公立大学はその性格からして、本来そのような使命を帯びて設置されている。国立大学も中央ばかりに目を向けるのではなく、それぞれが地域に根を下ろして足元を見つめる必要がある。私立大学も含めて、それぞれが地域レベルで設置者の違いを超えた横断的な大学間の連携協力を進めることも重要な課題となってくるだろう。

地域の住民のほうも、大学は自分たちとともにあるという意識を持つ必要がある。地域との連携や共生の重要さを関係者全員が共有し、それが教育研究のあらゆる面に反映されることで、大学の存在価値が高まっていくのだ。

国際交流においても、地域との連携が重要な基盤となってくる。ローカルな文化と結び付かないグローバルな貢献は砂上の楼閣である。学生に必要なのは、グローバルな視点とともに、ローカルな場への帰属意識を持つことだ。なぜなら、そこにグロ－バルな空間への入口があるからだ。

5　リーダーを育てる

〈ノブレスオブリージュ〉

日本の大学に決定的に欠けているのが、リーダーとしての優れた資質を育てる機能である。一種のエリート教育でもあるが、世の中にはエリートという言葉に対して拒否反応を示す人が少なくない。戦後の民主主義の意味を曲解して、すべての人間は平等でなければならない、差別があってはならないと主張する勢力の影響であろう。

すべての人に平等な機会が与えられることはもとより重要なことだ。しかし機会の平等とは、すべての人が同じ能力を有し、同じ役割を演じることを意味しているのではない。世の中にはさまざまな職業が存在し、それを各人がそれぞれの趣向や能力に応じて選択し、役割を分担しあうことによって、社会が成り立っている。そのような社会が一定の調和を保ち、国際的な競争あるいは協力関係の中で存続し発展していくためには、各分野において優れた指導力を発揮するリーダーの存在が必要不可欠である。

優れたリーダーとはどういう人を指すのだろうか。それは何よりもまず、高い志、強い使命感と責任感、優れた見識と専門的能力を持ち、国家社会のために、そして世界のために奉仕する人でなければならない。世のため人のために命を捨てられる人、公に奉じる人でなければならない。上から命令するのではなく、公共のために奉仕する人でなければならない。それがリーダーあるいはエリートと呼ばれる人たちに求められる重要な資質である。そのことを表すのが「ノブレスオブリージュ」、つまり、貴族など地位や身分の高い者にはそれに伴う重い責任や義務がある、とする考え方である。

そのうえで、二一世紀のリーダーはグローバルリーダーでなければならない。グローバルな視点から人類社会の課題に取り組むことのできる人物でなければならない。そのためには、国際的な人的ネットワークを築く能力も求められるし、少なくとも英語によるコミュニケーション能力は必須の要件となってくる。

リーダーに求められるのは知識だけではない。徳も体力も必要だ。気力や胆力も欠かせない。かつての武士階級は武術を通じてそれらを鍛錬した。旧制高校においては学生自治寮での生活と運動部の果たす役割が大きかった。現代の大学においても基本は変わらない。さまざまな活動を通じて文武両道の教育を進めることが必要になってくる。

〈**大学としての責任**〉

社会が優れたリーダーを必要としているとすれば、それに相応しい人材を育成することは公教育に課せられた重要な役割のひとつであるはずだ。

大学は、教養ある社会人、高度専門職、あるいは研究者の育成を通じて、社会のさまざまな分野でリーダーとして活躍する人材を養成することができる。もともと大学とはそのような場であったはずだ。戦後は大学の大衆化が進み、今や大学はすべての国民を対象とするユニバーサルアクセス型の高等教育機関となっている。しかし、だからといって、リーダー養成の使命を果たす大学がなくてもよいということにはならない。

どこの国も社会を引っ張っていくリーダー役を必要としている。だからこそ、大国には、そのような資質を備えた優れた人材を養成することを使命とする大学が歴然として存在する。そうでなければ社会が正常に機能することは望めないだろう。ところが残念ながら、日本にはリーダー養成を明確な使命と自覚する大学は存在しない。

それでも毎年、いずれ社会の各方面で指導的役割を演じることになる学生たちが大勢大学から巣立っていく。だが現状は、長い受験勉強を勝ち抜いたいわゆる受験エリートが特定の難関大学に入学し、彼らが卒業後も多方面で活躍しているに過ぎない。その中に本当のリーダーと呼ぶに値する人物が何人育っているだろうか。

時には立派な人物も出てこないことはない。だが、それはたまたま本人の優れた資質と努力とによって、結果としてそうなっただけであって、大学側がリーダー養成を重要な使命として自覚し、それに相応しい教育体制を組んで教育したからではない。戦後の日本の大学は、社会に必要なリーダーを養成する責任を放棄してしまったのである。

今日、官民を問わず社会のあらゆる分野において、トップの不祥事が後を絶たない。こうした風潮は大学がリーダーシップ教育を怠ってきたこととも無関係ではないだろう。不祥事にまでは至らなくとも、トップの指導者の言動がぶれる事例には事欠かない。日本社会のあらゆる分野でトップに立つ人の質が劣化していることは、残念ながら誰の目にも明らかである。

すべての大学とは言わないが、少なくとも多くの国民がある種の憧れをもって見上げるような大学、あるいは各分野に優秀な卒業生を輩出している大学は、将来のリーダーとなる人材を養成するために質の高い教育を提供する責任を負っている。そのことを大学自身がしっかりと自覚すべきだ。

II　大学は教養ある社会人を育成しているか

1　なぜ教養が必要なのか

1　教養とは何か

〈良き社会人を育てる〉

大学の重要な機能のひとつは教養ある社会人を育成することである。そうであるからには、まず教養とは何か、教養教育とは何か、ということについて共通の理解を持つ必要があるだろう。ところが教養とは何かと改めて問われると、なかなか答えにくい。教養というと物知りとか、あるいは雑学のようにとらえる人も少なくない。たしかに教養には知識の広がりが必要だ。だが単なる雑学的な知識では教養とは言えない。では教養とは何か。

人間には二つの側面がある。一方では、社会の中で特定の役割を果たすために必要な能力を開発しなければならない。それは主として職業に関わる能力であり、そのための教育が専門教育であるといってよい。他方で、人間は、社会を形成する主体として幅広い知識を身に付け、人間としての人格の向上をめざすことが求められる。それは、いわば一人の社会人として必要とされる資質や能力であり、それが広い意味での教養と呼ばれるものだと言えるだろう。

したがって教養は、単に知識だけを指すのではなく、その人のものの考え方なり、精神性をも表すものであり、その人の人間的な魅力を形成するもとになるものでもある。

その意味で、教養教育の主たるねらいは「良き社会人を育てる」ことにあるといってよい。グローバル化の進んだ現代においては、「地球的視野を持った良き社会人を育成する」ことが教養教育のねらいであろう。特にリーダー的な立場に立つ人たちには、職業的あるいは専門的知見とともに、豊かな教養を身に付けていることが強く要求される。

〈知の専門分化と統合〉

現代社会において求められる教養は、科学の専門分野への細分化傾向とも深い関わりをもっている。かつてのように科学が未分化だった時代には、学者と呼ばれる人たちは学問について幅広い知識を身に付けていた。ところが科学というものは、狭い専門分野を深く掘り下げることによって発達してきたので、そのため現代の専門家はひとつの狭い専門分野には詳しくなるが、それ以外の知識は乏しくなる。

その一方で、我々の住む社会はますます高度化し、あらゆる分野で最先端の科学技術に支えられるようになってきている。そこでは、当然のことながら、特定の専門分野の知識だけでは解決できないような複雑な問題も増えてくる。そのため、ひとつの問題に取り組むにも、いろいろな専門分野の知識や技術を持った人たちが参加して一緒に取り組まなければならなくなることが多い。

このような時代に必要とされるのは、自分の専門以外のことについてもある程度の知識があり、異分野の人とも一緒に議論したり仕事したりすることのできる人である。近代文明の意味や本質についても関心を持ち、人類の知識がどこまで進んでいるかという知の全体像を把握し、科学技術が人間や社会に及ぼす影響について専門分野以外の広い視点から洞察できる人が必要とされるのである。

学問が専門分野への細分化を通じて発達してきたことは事実だが、そうかといって、生身の人間までが専門分野に分割されてしまったのではもはや人間とは言えなくなってしまう。逆説的ではあるが、専門分化の進んだ社会だからこそ、専門以外のことについての知識が必要とされるようになるのだ。

もちろん、一人の人間がすべての分野の専門知識を身に付けることは到底不可能なことである。しかし、自分の専門以外の分野で何が問題となっているのか、それに対してどのようなアプローチで取り組んでいるのか、それが他の分野にどのような影響を及ぼす可能性があるのか、といったことをある程度まで理解できることが重要である。特にリーダーとして大勢の人たちをとりまとめる人は、異なる分野間を結び付けるコーディネータ、あるいは通訳としての役割も果たさなければならない。そのためには自分の知識の引き出しの中身をたくさん用意しておく必要があるのだ。

名著『武士道』の著者として知られる新渡戸稲造は、一九二〇年代にジュネーブで国際連盟事務次長として活躍したが、帰国後に著した『東西相触れて』の中で、日本と西洋の専門家の違いを次のように指摘している。「西洋における専門家は人間趣味が日本の専門家よりはるかに広い。ところが、日本人は専門家たることを最上の誇りとし、円満な人間たることを度外視する。ゆえにいわゆる学者連中の話を聞けば、僕はその方は専門でないから知らぬといって、専門に忠実なることを誇りとしている。換言すれば何々学の専門家であって人間でありませんと誇るのである」。今から八〇年以上も前のことである。

新渡戸の弟子で戦後の新制大学発足当時に東京大学総長を務めた南原繁は、一九四九（昭和二四）年の新制度下における最初の入学式において、「時代が到達した知識の体系について知り、われわれの世代が共有する文化と文明の全体の構造と意味—世界と人間と社会についての理念を把握すること」が重要だと述べているが、これも同様の趣旨といってよい。

〈リベラルアーツ〉

歴史的に見れば、一三世紀にヨーロッパで誕生した大学においては、学生たちは、医師、法律家、神学者を養成する専門学部に進む前に、学芸学部あるいは哲学部において、自由七科と呼ばれる文法、修辞学、弁証法、算術、幾何、天文、音楽を学習した。これがリベラルアーツである。ところがその後の一九世紀のヨーロッパの大学においては、そうした一般教養よりも専門職教育のほうが重要視されるようになってしまった。

これを批判して、教養教育こそが大学教育の中心となるべきだと主張したのがスペインの哲学者オルテガ・イ・ガセットであった。彼の言う教養（クルトゥーラ、つまり文化）とは「各時代における諸理念の生きた体系」を指すものであり、それを身に付けるためには、①物理的世界像（物理学）、②有機的生命の根本問題（生物学）、③人類の歴史的過程（歴史学）、④社会生活の構造と機能（社会学）、⑤宇宙のプラン（哲学）の学科目を学ぶ必要があるとされた。ところが、現実には、こうした一般教養が軽視され、そのため「以前よりもいっそう博識ではあるが、同時にいっそう無教養の技師、医師、弁護士、科学者等の専門家」、すなわち「新しい野蛮人」が生み出されていると、オルテガは指摘するのである。

このような教養教育のとらえ方は、「良き市民の育成」をねらいとするアメリカの大学の自由教育（リベラルエデュケーション）あるいは一般教育（ジェネラルエデュケーション）の概念に近い。ただしアメリカの一般教育には、専門分野の学習に進むための基礎教育といった側面も強く見られるようだ。

他方、オルテガが批判したドイツをはじめとするヨーロッパの大学では、今日でも専門教育を主体とした学部という枠組は基本的には変わっていない。教養とは上層階級の家庭教育や大学進学前の後期中等教育において身に付けるべきものとみなされていたのであろう。ただし近年になって、ヨーロッパの大学においても、それまではなかった学士課程と修士課程という二段階の教育課程が導入され、学士課程では専門分野の基礎を中心に学ぶこととされるようになってきた。

〈日本における教養〉

それでは日本の場合はどうであろうか。日本においては、伝統的には、教養を個人の人格と結び付いた知識や振る舞いとしてとらえる傾向が強い。そのような教養の基盤となるのは主として漢学の素養であり、あるいはまた古典や芸術などへの造詣の深さであった。

明治維新後の近代化の過程においては、特に明治末期から昭和初期にかけて、教養主義とも呼ばれるような教養重視の考え方が広まったことがある。その場合の教養とは、西洋への強い憧憬を背景にして、主として旧制高等学校の寮生活を中心に読書を通じて人格の形成を目指したものであり、それはまた修養といった側面を重視するものでもあった。

これに対して、第二次世界大戦後の教育改革で日本の大学に導入された一般教育は、こうした戦前の人格形成を目的とする教育ではなく、むしろアメリカ型の一般教育であり、その意味でオルテガ流の一般教養にも近いものであった。しかしその理念や重要性が関係者の間で十分に理解されていたとは言い難い。そのためもあって、せっかく導入された一般教育も学部の教育課程の中に定着するには至らなかった。

その理由は決して単純なものではないが、しかし、基本的に専門領域を基盤とする学部の教育の中に一般教育が導入されたため、一般教育と専門教育が融合することなく、それぞれ別々の教育課程として位置づけられたことが大きく影響している。学部という組織は現在でも、基本的には専門に分化した学問分野を基礎に出来上がっているのである。

2　常識の欠如

〈知識の空白〉

このようにひと口に教養といっても、リベラルアーツ的な意味だけでなく、専門分野の基礎となる知識を指すこともあり、また、人間の品性や人格形成に関わるような知識も含めた幅広い概念を指すものとして用いられることもある。

さらに今日では、大学の大衆化に伴い大学生の一般的な学力が低下している状況を踏まえ、社会人として必要とされる一般的な常識や基礎的知識を欠いていることを指して、教養がないという言い方をする人もある。

極端な例を挙げれば、医学部に入ってきたのに高校で生物をやっていないとか、ある専門分野では誰でも知っていて当たり前と思われていたような基本的な知識が欠落しているとか、そういう類いの問題である。単に学力が高いとか低いとかいった問題とも違う。今の若者は決して知識がないわけではない。むしろ物知りな面もある。だが肝腎のことを知らないのに驚かされるのだ。知識に空白がある。しかもそのことを恥ずかしいとも思っていないのである。

〈生活体験の狭さ〉

それ以上に問題だと思われるのは、最近の若者に見られる生活体験の狭さである。小さい頃から学校漬けになって、大学に入学するまでひたすらまっすぐな道を、わき目もふらず、寄り道もせずに歩んでいる。同じような仲間としか付き合うことがないから、狭い世界しか体験していない。こうした無駄のない、遊びの少ない人生を歩みながら、ふと気がつくと大人になってしまっているのだ。

そうした傾向は、高校卒業まで真面目に勉強して、成績もよく、難関の入試を突破して偏差値の高い大学に入り、その後もさらに司法試験や公務員試験などを目指してひたすら勉強するといった優等生タイプの学生に特に強く見られるようだ。東京などの大都会では自宅を離れないまま大学に通うのが一般的になりつつあることも、若者の自立心を阻害する大きな要因であろう。欧米の学生と比べると社会体験の幅があまりに違うことに愕然としてしまう。

真面目さだけが取り柄の大学生がいくら専門知識を身に付けたところで、それだけでは将来社会に出て大事な仕事の判断を任せられるような人間になれるとは思えない。裁判官や判事などは、任官したあともあまり一般の人とは交わらず、狭い世界に閉じこもって禁欲的な生活を送っているようだが、そういう人たちにとっては、人の道を外れて悪の道に溺れていく犯罪者の心情は理解しがたいものにちがいない。裁判員制度が導入されたのも、司法の世界に常識を持ち込もうという動機からであった。

人間の成長は人生の経験年数だけで計れるものではない。どれだけ悩み苦しみながら未知の課題に向かって挑戦してきたか、どれだけ多くの人々と交わり喜びや悲しみを分かち合ってきたかなど、さまざまな人生経験の中身の濃密さ、あるいは振幅の広さが重要なのだ。受験という必要性に迫られてこつこつと勉強するだけでは、人間として必要な人格形成を図ることは難しい。学ぶ意欲を大事にしながら、学生時代から多くの本を読んだり、汗を流してスポーツに打ち込んだりして、視野を広げ、感性を磨き、コミュニケーション能力を身に付けていく体験が何よりも必要とされるのだ。

〈「教養を欠いた専門家」は危険〉

現代社会においては、高度な専門知識や技術を身に付けた人材が必要とされるが、専門性だけでは十分とは言えない。専門性に加えて、幅の広い知識と高い倫理観、さらにそれに基づく的確な判断力と行動とが要求される。「教養を欠いた専門家」ではおよそ専門家として役に立たないだけでなく、社会にとって迷惑であり、時には危険な存在ですらあるのだ。このことをもっとも極端な形で我々に気づかせてくれたのが、一九九五（平成七）年に日本を震撼させたオーム真理教による地下鉄サリン事件であった。

こうした状況下で、中央教育審議会が二〇〇二（平成一四）年にまとめた答申「新しい時代における教養教育の在り方について」では、教養とは「個人が社会とかかわり、経験を積み、体系的な知識や知恵を獲得する過程で身に付ける、ものの見方、考え方、価値観の総体」であると説明している。

3　死生観、歴史観、世界観を養う

〈「関係性」としての教養〉

教養教育というと、すぐに具体的な授業科目名を連想してしまうことが多いが、大事なのはその中身であり、狙いである。教養教育で何を身に付けるのか、その狙いをはっきりさせる必要がある。この問題を考える際に参考になるのが、先の中教審答申による教養の定義の中で使われている「個人が社会とかかわり」という文言である。

人間は一人で孤立して生きているのではない。社会の中で互いに関わり合いを持つ存在として生きている。そのような人間にとって重要なことは、自分自身を知り、自分が周囲の人たちや社会とどのように関わりあっているかを知ることであろう。我々はどこから来たのか、どこへ行くのかといった、自分の存在を過去から未来へと続く時間的な関わりの中でとらえることも重要なことだ。

今日のようなグローバル化時代においては、個人の関わり合いの範囲は地球規模にまで広がっている。したがって、世界を舞台に活躍しようとする人には、何よりもまず、自分自身を認識し、自分を取り巻く世界との時間的・空間的な関わりについての理解を深めることが重要だ。そうした理解の上に立ってさまざまな人と意思の疎通を図り、信頼関係を築き上げていくことが求められる。

その意味でも「自分と周囲との関係をいかに構築するか」ということがますます重要な課題となってくるのであり、そのような関係性に支えられた体系的な知識こそが、すなわち知恵や見識であり、教養であると言えるのではないか。

〈三つの軸〉

この関係性という概念は、次の三つの軸で説明するとわかりやすい。

第一は、自分は何者か、人間とはどういう存在か、生命とは何か、何のために生きるのか、いかに生きるか、といった人間としての原点とも言える「死生観」に関わる軸、あるいは価値軸である。

我々はこの世に生を受け、いずれは死を迎えることを知っている。その過程において、人間とは何か、生きるとは何かを考え、迷い、悩むことが多い。日常生活において他人と交わる中でもいろいろな悩みを抱える。世界が狭くなって、異文化との接触や交流が増えると、互いの価値観の違いに目覚め、戸惑うことも多い。他方、科学技術の進歩は我々に伝統的な生命観の問い直しを迫ってくる。その中で我々は、真理を求め、正義を実現しようとして努力するのだ。それが人間としての証なのであろう。そうした人生を生きていくうえでの判断や行動の指針、あるいは支えとなる価値観を身に付けることが、人生をより良く生きるためには必要となってくるのである。

第二は、自分がどのような歴史的・文化的伝統や遺産を受け継いで存在しているかという「歴史観」に関わる軸、あるいは時間軸である。物事を過去からの時間的な流れの中でとらえることや、過去との対話を通じて現在を理解し、未来を想像することを可能にしてくれるものである。

我々は自分で意識しようがしまいが、過去からの文化を受け継ぎながら、現在の自分の人生を生きている。だからこそ、先人の熱い思いと血のにじむような努力に感謝しながら、この社会を少しでも良いものにして次の世代に引き継いでいきたいと願っている。そのためには、自分の現在地をしっかりと確認する必要がある。軸足がぶれてしまっては物事の判断を誤ることになってしまう。

現在の問題を考える時に、過去の歴史の中に類似の現象を見出して、それを参考にしながら新しい事態に対処することも重要なことだ。過去の歴史を知ることによって、現在の自分の座標軸が確かなものになり、そこから未来を想像することができるようになるのである。

その際、過去の出来事を現在の価値基準で判断するという過ちを犯してはならない。できるだけ客観的な目で、事実に即して過去を振り返るという姿勢が必要だ。政治的立場からのイデオロギー的な対立を持ち込んで、特定の国を美化したり、迎合したり、あるいは自国の歴史を必要以上に悪く解釈したりしてはならないことは言うまでもない。

第三は、自分がどういう世界の中で生きているかという「世界観」に関わる軸、あるいは空間軸である。物事を広い視野から眺めることを可能にしてくれるものである。

誰にとってももっとも身近な世界は自分が住む地域社会であり、自分の属する国である。だが国と言えども外の世界から隔絶して存在しているわけではない。現代の人間は昔のような小さな共同体の中だけで完結した生活を送っているのではない。ヒトもモノもカネも国の境を越えて地球規模で動き回っている。いや宇宙にまで飛び出している。それを可能にしているのは情報通信技術の発達である。

地球上には豊かな国もあれば、貧困にあえぐ国もある。言葉も宗教もさまざまだ。そうした多様な民族や国家が世界を構成している。しかも、インターネットは世界の国々を結び付けるだけでなく、世界中の個人と個人とを直接に結び付けることを可能にした。このような時代にはあらゆる問題がグローバルな広がりを持つことになる。

こうした多様な人類の生存を支えているのが地球という惑星である。それだけに、現代の人間にとっては、広い意味での地球環境という視点を持つことがますます重要になってくる。そしてこの地球もまた宇宙という無窮の世界の一部に過ぎない。我々はこうした広い視野に立った世界認識を持ち、その中で自分と他者、あるいは人間と環境との関わり合いを考え、それに基づいて、ローカルなところから具体的な行動を起こさなければならないのだ。

以上をまとめると、現代に必要な教養とは、こうした死生観、歴史観、世界観という三つの軸を基盤とした関係性を通じて形成されるものと考えることができる。そのような教養が、我々に「より良く生きるために必要な判断力や行動力」を与えてくれるのである。それがグローバル化時代に生きる良き社会人に求められる教養であると言ってよい。

2　教養教育が軽視されるのはなぜか

1　教養に理解のない「専門家」

〈自分の専門しか頭にない教員〉

今日の社会において教養の重要性を否定する人はいない。だが、それにしては、日本の大学では教養教育が軽視され過ぎている。一般教育と専門教育の区分が廃止されたあと、多くの大学においてそれまでの一般教育科目の科目数や時間数が減らされ、教員も減らされるようになった。さすがに近年は、その反省からか、教養教育が大事だという声が高まってきてはいるが、実際に教養教育の充実に向けた具体的な取組が進んでいるとは言い難い。

なぜ日本の大学では教養教育が軽視されるのか。専門教育を担当する教員の間に、自分は何々の専門家であるという意識が強く、自分の専門分野に関することしか視野に入ってこないからであろうか。

あるいは、教養よりも専門のほうが重要であるとか、教養科目を担当する教員よりも専門科目を担当する教員のほうが偉いとでも思っているからであろうか。そうだとしたら、とんでもない思い違いである。

そういう教員は、学部は専門教育の場であるという古い観念を捨て切れず、学生にとって学部教育がどのような意味を持っているかを理解できない人なのであろう。

教養教育と専門教育は、どちらが上でどちらが下といった上下の関係にあるのではない。教養教育は専門教育の基礎でもなければ、専門教育より価値が低いわけでもない。大雑把な言い方をするなら、専門教育は職業生活に必要なものであり、教養教育は人間として生きるために必要なものである。専門教育が縦軸だとすれば、教養教育は横軸である。両者は異なった概念であり、互いに補完し合う関係にあるのだ。しっかりした横軸と太い縦軸とが組み合わさることによって、学部としての教育が成立するのである。

〈四年間で何を身に付けるか〉

学部教育を考える時、教養教育のことだけを考えていたのでは不十分だ。それとの関連で専門教育の在り方を見直すことが重要な課題となる。それができるかどうか、まさに教員自身の教養が問われる場面である。

専門教育においては、教員は細分化された狭い分野で自分の得意なテーマに深入りすることが少なくない。しかし学生の立場に立つならば、本当に必要な学問は決して狭い範囲の専門知識ではないはずである。専門分野についての幅広い基礎的な知識を確実に身に付けさせるような、体系的な教育課程にする必要があるだろう。

他方、今日の大学においては、学部の四年間だけでは特定の専門分野の知識をすべて教えることはできないのも事実である。高度な専門知識は大学院で身に付けるという時代を迎えているのである。したがって、学部段階では、幅広い専門の基礎知識と教養をきちんと身に付けるための四年一貫の教育体制を構築することが重要な課題となってくるのだ。

そのためにも、教養教育と専門教育を別々に取り扱ってはならない。横軸と縦軸をいかに組み合わせて四年間の体系的なカリキュラムを構築するかということが重要な課題となるのだ。だが、現実に教養教育を主体にした学部教育全体の改革を進めようとすると、学内にはさまざまな抵抗勢力があって、そう簡単には事が運ばない。私自身もかつて実際に取り組んで苦労した経験がある。

〈教養教育改革の実践事例〉

私が一九九七（平成九）年から勤務した大学では、全学共通の教養教育科目が置かれてはいたが、かつての一般教育科目の名残りは残っているものの、担当教員は各学部に配属されていて孤立し、全学的な立場から調整を行う仕組みも存在しなかった。大学の理事者たちは教養教育にほとんど関心を示さないばかりか、教養教育の担当教員に対して不信感を抱いており、両者の間には深い溝が存在していた。

そうした状況の中で、教養科目を担当する教員の数は年々減らされ、各学部で学生に要求される最低履修単位数も減らされていた。その責任の一端は教養教育担当教員の側にもあった。授業内容は担当教員の趣味に左右されて、学生にとって重要とも思われないような瑣末なテーマを取り上げて講義をする教員もいなくはなかったし、全体としての科目間の整合性も考えられてはいなかったからである。他方、各学部の専門科目のほうは教員の都合に合わせていたずらに細分化し、体系性を欠いたまま開設科目数だけが増えていった。しかもすべて選択科目である。

学生にとってみれば、これでは個々の授業科目がバラバラに存在するだけで、科目相互の関係がまったく見えてこない。何のためにどの科目を履修する必要があるのかを判断することすらできない。これでは学生たちが気の毒だ。学部を卒業したあと直ちに就職する学生にとって必要なのは、幅広い専門の基礎知識と教養であって、狭い範囲の瑣末な専門知識などではないはずである。

そこで、改革の第一歩として、教養教育のカリキュラムを根本から見直す必要があると考え、理事者側の了解を得て、全学的な教養教育改革案の検討委員会を発足させ、四学部共通の教養教育のカリキュラムをゼロベースで作り上げることにした。

新しいカリキュラムでは、まず全体を四つの系列に分け、それぞれに三つ、合計一二の群を設けた。すなわち、A系列「人間について考える」では、「人間の探求」、「文学・芸術」、「身体と運動」の各群、B系列「社会について考える」では、「歴史・民族」、「社会のしくみ」、「現代社会の変容」の各群、C系列「自然と環境について考える」では、「自然の認識」、「技術の発達」、「環境と人間」の各群、D系列「コミュニケーション能力を高める」では、「日本語の表現」、「外国語」、「情報技術」の各群である。

そして各群に一〇―一五科目程度の科目を開設することにした。

各群の開設科目の検討に当たっては、どういう科目を設けるべきかを白紙状態から議論し、それぞれの科目を誰が担当するかは最後になってから決めることにした。その際、科目の名称に「・・学」という表現は使わないことにした。その理由は、社会経験の少ない学生にいきなり学問を教え込むのではなく、できるだけ現実の社会や人生との関わりの中でさまざまな問題意識を持たせ、解決の糸口を探らせるようにするためである。

また、担当教員を決める前に、あらかじめすべての科目について、その概要をそれぞれ一二〇字程度にまとめることにした。具体例を挙げると、たとえば、B系列中の「歴史・民族」群にある「近代日本の歴史」という科目については、「欧州列強の進出によるアジアの植民地化の歴史について学び、その中で日本のとった近代化政策の意味を考える。さらに日清・日露戦争を経て列強の仲間入りした日本が大陸進出から日米開戦に至るまでの歴史について理解を深める。」といった具合である。

これによって担当教員の恣意的な授業を排除することができたし、また学生にとっては個々の科目の内容が理解しやすくなった。担当教員の人選については、学部だけでなく研究所も含めて学内の専任教員で担当できる科目については学内の教員を充てることを原則とし、学内に適任者がいない場合に限って学外の非常勤講師に依頼することにした。新しく設けられた「日本語表現法」の授業については一クラスの人数を制限し、その代わり履修希望者数に応じて開設コマ数をいくらでも増やすことにした。

新カリキュラムによる教養教育の運営に責任を持つ体制として、副学長を委員長とする全学的な教養教育運営委員会を設置し、そこには各学部の学部長も委員として参加させることにした。

こうして二〇〇二（平成一四）年から実施された新しい教養教育カリキュラムは、教員が何を教えたいかではなく、学生にとって何が必要か、という視点から編成された点で、当時の状況下では画期的なものであり、それなりの成果を挙げたといってよい。

しかし、私個人としては、これだけでは改革としては中途半端だと考えていた。なぜなら、第一に、これで教養教育のカリキュラムは改善されたが、授業の中身や方法を改善するところまでは一挙には手が回らなかったからであり、第二に、新カリキュラムは既存の教養教育という枠内での改革でしかなかったからである。本来ならば、学部の教育は、教養教育も専門教育も含めた四年間の一貫性のあるカリキュラムに基づいて行われるべきものだ。そのためには専門教育のカリキュラムを抜本的に見直すことが必要になってくる。そのうえで学部の教育課程全体を再構築していく必要があるのだ。

だがそこまで一気に改革を進めることは難しかった。そこで次に取り組んだのは、初年次ゼミを各学部に導入することであった。学部によっては一年ゼミとか、クラスゼミとか、アカデミックスキルと称していたが、こうした初年次ゼミを開設して全学生に履修させ、これを全教員が担当することにしたのだ。このことによって学生と教員の距離が縮まり、授業に対する学生の取組意識も変わってくる。またすべての教員が新入生の教育に関わるようになった結果、教員の意識も変化してくるようになった。

2　実学偏重の伝統

〈帝国大学の特異性〉

歴史的に見れば、日本の大学は明治時代から伝統的に教養教育を軽視していた。一八八六（明治一九）年に誕生した帝国大学には六つの分科大学（のちに学部）が置かれていたが、学生規模からいってても医科、法科、農科、工科が圧倒的に大きな割合を占め、それに比べると理科と文科は数の上ではほとんど取るに足りない存在であった。その意味では、帝国大学はアカデミックな大学というよりは、国家に必要とされる高度の実務専門家を養成するための機関であった。

明治政府は、帝国大学のほかにも、医学、工業、商業などの分野で多くの官立専門学校を設置した。このことからも明らかなように、実学を重視した教育を通じて社会の役に立つ人材を育成することが、戦前における日本の高等教育の大きな目的であり、特徴でもあった。と同時に、その教育は極めて狭い範囲の専門分野へと特化していく傾向の強いものでもあった。このことは欧米との比較において特に顕著である。

当時、西洋においては、フランスのエコールポリテクニックにはじまり、その影響を受けて、ドイツのテクニッシュホッホシューレ（技術高等学校）、アメリカのマサチューセッツ工科大学（ＭＩＴ）などの近代的な技術高等教育機関が誕生していた。これらはいずれも、伝統的な学理重視の大学（ユニバーシティ）とは別に新しく設けられた学校である。したがって応用的な学問を重視したことは言うまでもない。しかし、だからといって、決して工学系の学問だけを扱っていたのではなかった。そこには理学系の学問も含まれていたし、さらにMITに典型的に見られるように、人文学・社会科学系の学問も排除されてはいなかった。

本来、学問には、効用性を求める実学的な部分と、効用にはすぐに結び付かない思想・文化的な部分とがある。両者は互いに無関係ではない。実学が果実であるとすれば、思想や文化は根っ子あるいは種子である。根っ子があってはじめて実学の花を咲かせ実を結ばせることができるといってよい。つまり両者は無関係どころか、極めて重要な関係にあるのだ。

ところが、日本の場合は、実学重視に走るあまり、西洋の学問の果実の部分だけを移植しようと熱心に取り組んだ。エリート官僚を輩出した法学部は文系学部の雄であったが、そこではドイツ大陸法体系の規則至上主義の教育が導入され、法律の表面的な文理解釈に固執して融通の利かない官僚群を生み出すことになった。工学のような自然科学の応用面に関しても、すぐに役立つ知識・技術の教育は積極的に取り入れたが、その基盤となる基礎的な理学や科学的・合理的なものの考え方、あるいは思想・哲学などといった学問は取り入れようとはしなかった。果実には関心を示したが、それを実らせるもととなる種子には目もくれなかったのである。

このことを痛烈に批判したのが『ベルツの日記』を残したベルツ博士である。ベルツ博士は、東京帝国大学医学部の主任教授として医学教育の向上に尽くしたドイツ人で、日本を愛し日本をもっともよく理解したお雇い外国人であったが、その彼が、一九〇〇（明治三三）年一一月の日本在留二五周年記念祝典における演説の中で、「日本人は西洋の科学の最新の成果は取り入れようとするが、この成果をもたらした精神を学ぼうとはしない」と苦言を呈しているのだ。日本の高等教育の本質を突いた指摘である。

〈脆弱な思想・哲学的基盤〉

なぜ日本の大学や専門学校では西洋の学問を取り入れながら、その土台の部分、つまり洋才を支える洋魂の部分を学ぼうとしなかったのだろうか。それについては、明治維新後一日も早く近代化を達成しようとしていた当時の日本としては、西洋の学問のうちすぐに移植可能な実用的な部分を取り入れるのに精一杯で、それ以上の余裕はなかったからと言うべきであろう。建前では、「日本人には和魂があるから、和魂洋才でやっていけばよい」といって自分を納得させようとしたのであろうが、それは夜郎自大の強がりか、あるいは都合のよい言い訳でしかなかった。

事実、明治時代の日本人には、新渡戸稲造、内村鑑三、岡倉天心をはじめとして、和魂洋才を兼ね備え、世界を舞台に活躍した人物がたくさん現れた。彼らに共通しているのは、いずれも幕末に生まれて幼い頃から武士としての素養を身に付け、その後外国人教師を通じて直接的に近代的学問とその基礎となる精神・思想・哲学に触れ、世界に目を向け、高い志を抱いて日本の文化を発信したことである。すなわち、彼らは学校で教わるまでもなく、武士としての教養を身に付けていたのであり、また近代的学校制度における輸入学問を教わることがなかったのである。そこに文武両道の士としての品格を備えた姿を見ることができる。

ところが、武士階級を支えていた封建制度が廃止され、明治政府による近代的な教育制度が完成すると、和魂を形成するもとになった漢籍や日本の古典を学ぶ機会が少なくなってしまった。そして武士道精神を身に付けた世代が歴史の舞台から退場してしまうとともに和魂も失われ、西洋の学問の上澄みだけを吸収する洋才しか残らなくなってしまった。

もちろん、戦前の日本の学校で教養教育がまったく行われなかったというわけではない。大学に進学する前の高等学校で、主として西洋の語学と古典を通じた教養教育が行われていたことはよく知られている。

ただし、旧制高等学校は帝国大学の予科としての性格が強く、全体の入学定員も帝国大学とほぼ同じだったため、恐ろしく狭き門であった。したがって、旧制高校を経て帝国大学に進学したごく一部のスーパーエリートを除けば、当時の若者が学ぶことができた高等教育機関としては、圧倒的に実学主義の専門学校が多かったのである。さらに旧制高校の教養教育といっても、それは基本的には西欧への憧憬を背景として、外国語を基礎とした人文学的教養への偏りの強いものであり、その意味では偏った教養であった。

戦前の高等教育に見られるこうした思想・哲学的な基盤の脆弱性こそが、のちにロシア革命の洗礼を受けて、多くのインテリを左右両極の政治的イデオロギーの影響下に走らせてしまう要因となったとも言える。

3　敗戦による思考停止

〈歴史からの逃避〉

戦後の教育制度改革で大学に導入された一般教育が定着しなかった理由については、前にも述べたように、一般教育と専門教育とが分離してしまったことの影響が大きいが、それだけでなく、そもそも一般教育という考え方自体が自分たちの問題意識から生まれてきたものではなく、いわば借り物の発想であったことも無視できない。その結果、一般教育の理念や目的が徹底することもなく、授業そのものにも学生を惹きつけるだけの魅力がなかった。

一般教育の中身に関しては、いくつかの科目の中から選択して必要な履修単位数を満たせばよいという指導があるだけで、どれが芯となるべき基本的な科目なのか、あるいは、どの科目が基礎科目で、どの科目がより高度な、あるいは応用的な科目かといったカリキュラムの全体的な構造が示されることもなかった。それに加えて、大教室で行われる哲学や思想史、政治学や経済学などの授業で、講義ノートを淡々と読み上げるだけの無味乾燥な講義では、興味がわかないのも当然だ。それぐらいなら自分で本を読んだほうが早いということになる。

それ以上に深刻だったのは歴史教育の混乱である。「歴史は現在と過去との対話である」とはイギリスの歴史家E・H・カーの言葉だが、過去の歴史を知らなければ現在のことも理解できないことになる。歴史の中でもとりわけ重要なのは、近現代史に関する知識であろう。近現代史の知識なしには我々は現代の国際関係を理解することはできないし、諸外国の人々とまともに付き合うこともできない。そういう人が国の政治や行政の要職に就くことになれば、どこかで国益を損なうことになってしまうだろう。そういう意味で、歴史学こそは教養の根幹をなす重要な学問のひとつである。

ところが戦後の日本は、連合国最高司令官総司令部（ＧＨＱ）による占領政策と左翼的イデオロギーの影響下にあって、戦前の歴史をすべて否定し、過去の歴史や伝統や古典から学ぶということを放棄してしまった。その影響で、中学校や高等学校の教科書には、戦前の日本がいかに悪いことをしたかということを殊更に強調するような偏った記述が多い。しかも高校までの授業では縄文・弥生の時代からはじまってなかなか近現代にまではたどりつけず、その代わり近現代史の問題は大学入試にも取り上げられない。大学においても、戦前の歴史解釈をめぐってイデオロギー的立場からの対立が激しく、そのような状況の中で信念を持ってまともな近現代史を教える教員も少なかった。歴史からの逃避である。

たとえ一般教育の中で歴史学が選択科目として開設されていたとしても、日本の近現代史に関する講義はほとんどなかった。その結果、日本の大学生は、大学に入ってからもまともな近現代史の授業に触れることもなく、自国の近現代史についてはまったく無知と言っていいほど知識がないまま卒業していくのだ。東京大学教養学部の前期課程に「近現代史」という授業科目が開設されたのも、つい最近のことである。ということは、それまでの東大生は、少なくとも大学では、きちんとした近現代史の教育を受けてこなかったということになる。

自分たちの祖先が歩んできた祖国の歴史を事実に即してきちんと理解することは、国際化が進展する時代だからこそ、ますます重要になっている。人間の所業には優れたものもあれば、愚かなものもある。そうした光の部分も影の部分も合わせて、過去の事実を事実として受け止め、その延長線上に自分たちが存在していることを理解する必要があるのだ。にもかかわらず、過去の歴史のある一面しか見ようとしなかったり、あるいは一切目を閉じて何も見ようとしなかったりしたのでは、自分自身のアイデンティティを確立することは難しい。

〈国家意識の喪失〉

歴史観が歪んでしまうと世界観までも歪んでしまう。戦後の日本は、占領下ではもちろんのこと、独立後も自国の安全保障を考えなくてもよい状況下に置かれ、これまで半世紀以上にわたる平和を享受してきた。これをもって、「平和を愛する諸国民の公正と信義に信頼して、われらの安全と生存を保持しようと決意した。」と憲法で謳いさえすれば、たとえ軍備を持たなくても自国の「安全と生存を保持」できると固く信じる人も少なくない。それでいて、いざというときには、日米安全保障条約に基づいてアメリカが日本を一方的に守ってくれることを期待している。これでは、無責任としか言いようがない。まともな歴史観や世界観を持っている人には、およそ理解しがたいことであろう。日本は冷戦構造の中でたまたま僥倖に恵まれたおかげで今日の豊かな社会を実現することができたのであって、そのような国は世界を見渡しても例がない。それぐらいの認識だけは持っておかないと、我々は外国人からはまともに相手にされなくなってしまう。

戦後の日本においては、戦前の軍国主義を否定するあまり、軍事力だけでなく、それを行使する国家権力までも否定するような風潮も生まれた。だが国民の健康、福祉、安全を守るのも国家の責任である。したがって、どのように国家権力を行使するか、あるいはどのように国家を運営していくかということは、国民全体の関心事でなければならない。その意味で、一人ひとりが正常な国家意識を持つことが大事になってくる。特に国際関係においては、このことが極めて重要なことであろう。今日の世界はあらゆる分野でグローバル化が進んでいるが、しかし、だからといって国家がなくなったわけではないのである。

戦後ニューヨークに創設された国連の組織を「国際連合」と言い慣わすことも、日本人の歪んだ世界観の表れと言ってよいだろう。国連の英語名は“The United Nations”（連合国）であるが、フランス語ではもっと正確に、“L'Organisation des Nations Unies”（連合国組織）と称している。そして中国語では「連合国組織」が正式の名称である。この「連合国」というのは、言うまでもなく第二次世界大戦で日本、ドイツ、イタリアを相手に戦って勝利した国々のことである。その連合国の組織、それがすなわち国連なのである。ところがこれに対して、当時の日本政府は、「連合国組織」ではなく、「国際連合」という誰の耳にも爽やかに響くような訳語を考え出した。戦前の国際連盟（英語名は“The League of Nations”）を意識したのであろうか。「国際連合」という訳語からは、国家を超えた世界政府的な連合組織というイメージが伝わってくるが、もちろん実態はまったくそうではない。だがこのような言葉の魔術に惑わされて、我々日本人は、敗戦のあとに理想的な世界政府のようなものができたかのような幻想を抱くことになったことは否定できない。

こうした時代の風潮に流されずに物事の本質を見極めるための政治学的素養も、良き市民として必要な教養の重要な一部である。

〈「不易」の価値を見失う〉

さらに戦後の日本では、それまでの教育勅語を中心とする修身教育が廃止され、それに代わるべき新しい道徳教育も、左翼的イデオロギーの影響を強く受けた日本教職員組合（日教組）の強い反対にあって事実上実施不可能になった。倫理や道徳などという言葉を口にするだけで、復古的、反動的、あるいは軍国主義的であるとして批判されるようになったのである。そのようなことでは、人間として大事な最低限の価値観や規範意識さえ身に付けることができずに大人になってしまうだろう。現にそういう時代に教育を受けた世代が、今度は自分が親となって子供を育ててきた結果として、今日の日本の姿があるのだ。

今、我々は、これまでのような過去との断絶に基づく戦後教育の在り方を反省すべき時期に来ている。人間としての品性を取り戻すことの必要性を感じている。道徳は人間を人間らしくするために必要であり、古くからの優れた伝統や文化には、時代を超えた普遍的な価値が備わっている。「流行」に追われるあまり、「不易」を見失ってはならないのだ。我々は、もっと謙虚な姿勢で、しかし自信と誇りを持って、先人の築いてきた歴史や伝統や文化から学ばなければならない。その努力を怠るとき、優れた伝統や文化は途絶し、たとえ物質的には豊かであっても精神的・道徳的には貧困状態に陥ってしまうのだ。

今日のグローバル化した世界にあって、世界を舞台に羽ばたいている日本人も大勢いる。特に映画や音楽、あるいはファッションやスポーツなど、個人の努力によって身に付けた卓越した技能が正当に評価されるような分野ではそうである。ところがそのような日本人を見ると、その技能の中に日本的なものを活かしながら世界で評価されるような素晴らしい創造性を発揮している人が多いことに気づく。ということは、グローバル化時代だからこそ、我々はもっと自分の国の文化に対する理解を深め、それをもとにして世界に貢献できるものを創り出していくという姿勢が大事になってくるということである。グローバル化時代だからこそ、足元のローカルなものにしっかりと目を向けていく必要があるのだ。

フランスの医学研究者ルイ・パスツールは、「科学に国境はない。しかし科学者には祖国がある」という名言を残している。これが教養というものであろう。

4　学部教育の目的が不明確

〈学部段階では何を身に付けるか――欧米の場合〉

大学における教養教育とは、バイキング料理のようにいろいろな科目を並べておいて、その中から学生に好きなものを自由に選ばせればよいというものではない。四年間の学部教育の中で何を身に付けさせるのかという明確な目標を設定して、そのために必要な科目を体系的に履修させるようにすることが何よりも重要なことだ。その中で多様な選択肢を設けることには意味がある。しかし、学生のニーズを無視したまま、教員の関心テーマに沿っていくら開設科目数を増やしてみたところで、それだけでは学生にとって意味のある教育課程とはなりえないのだ。

大衆化が進んでいるアメリカの大学では、学部段階では幅広い教養教育を中心とする教育課程を編成し、専門知識を身に付けるのはむしろ大学院に進んでからである。ただし、学部段階においても、上級学年になると特定の学問分野をある程度深く学べるようにはしている。たとえば機械工学と経済学、物理学と哲学といった形の主専攻と副専攻、あるいは二重専攻などの制度が設けられ、広い視野を養うことができるよう工夫されているのだ。その代わり大学院においては、最初の一―二年間のコースワークを通じて、自分の専門分野の研究に必要となる基本的な知識を体系的に詰め込む教育が徹底して行われている。

ここで重要なことは、学部においては、学部としての一定の教育目標を達成するために、四年間の一貫した教育課程を組むということである。日本の大学に一般教育が定着しなかったのは、それが専門教育とは別の枠組の中で実施されたことに大きく起因している。両者は完全に分離できるものではないのだ。

ドイツをはじめとするヨーロッパ大陸諸国では、長い間、伝統的に大学は専門教育の場であり、その前の後期中等教育段階で、特にエリートコースにおいて古典中心の教養教育が実施されていた。大学院は研究が中心であって、アメリカや日本のような制度的な大学院教育はごく最近まで確立していなかった。また、同じヨーロッパの中でも大学制度自体が国によって異なっていて、学士、修士といった学位制度が存在しない国もあり、存在してもその修業年限は国によってバラバラという有様であった。

しかし、近年になって大学進学率の高まりを背景に、域内の単位互換と学生の流動性を促進することを目的としたボローニャ・プロセスに基づく改革が進行しており、それに沿って学士と修士という二段階の教育課程が導入されるようになった。学士課程では専門分野の基礎を学び、修士課程では知識をさらに深めるのがねらいであるとされている。

さらにイギリスのオックスフォード大学のような専門教育中心の保守的な大学においてさえも、主専攻と副専攻、あるいは二重専攻などを取り入れ、狭い専門分野に限定されない教育を進めざるをえなくなっている。

〈日本の選択〉

日本の場合は、少なくとも建前の上ではヨーロッパ型よりはアメリカ型に近い。とはいえ、アメリカのような幅広い基礎教育は行っていないし、もちろんヨーロッパのように専門知識を幅広くかつ深く学ばせているわけでもない。言い換えると、日本の学部教育は専門家を養成しているのでもなく、かといって教養人を養成しているのでもないという曖昧な性格を持っていることになる。

日本として今後選択すべき道は、狭い分野の専門知識を深めるのは大学院に入ってからにし、大学の学部では「幅広い専門の基礎と教養教育」を中心にすることであろう。結果的にはアメリカ型に近づけるということになるが、それは必ずしもアメリカの真似をするということではなく、その方向性がこれからの世界の潮流に合致しているからである。そうなると、学部の目的は「専門性をもった教養人」の育成ということになり、大学院の目的は「教養ある専門家」の育成ということになってくる。

こうした考え方に対しては、大学の教員の間にはまだ抵抗感があるかもしれない。自分の専門しか眼中にない視野狭窄の教員が、一九世紀風の古臭い学部概念を後生大事に守ろうとするからである。現に学部の専門科目のリストを眺めれば、あまりに専門的過ぎて、それがなぜ学部学生にとって必要なのか理解しがたいものも少なくない。中には教員が自分の職を守るために開設しているとしか思えないものもある。

だからこそ、専門教育の中身を見直して開設科目を整理する必要があるのだ。ただし、それは容易なことではない。では具体的にどのように改革を進めていったらよいのか。大学によってそれぞれ事情が異なるであろうが、一般的に言えば、すべての教員が協力して学生の立場に立って授業科目の内容を見直し、体系的なカリキュラムを構築するということに尽きる。それが大学の社会的責任でもある。

しかし、大きな改革を引っ張っていくのは個々の教員レベルでできる仕事ではない。それはトップの責任である。その意味で、もっとも重要なのは、理事長や学長をはじめとする大学のトップが高い見識を持ち、強い信念に基づいて、強力なリーダーシップを発揮することだ。トップの座に優れた人材が得られるかどうかで大学の将来が決まってくる。言い換えれば、トップを見ればその大学の将来が見えてくるということである。

そうなると、今度は、大学のトップをどのようにして選任するか、在任期間をどの程度にするかといった問題についても、改めて議論し直す必要が出てくるだろう。そうした議論は、当然のことながら、教授会の在り方をどうするかという問題とも深く関わってくることになるだろう。

3　大学の授業で教養が身に付くのか

1　体験を通じてこそ本物の教養

〈課外活動の役割〉


ところで、これまでに述べてきたような教養とはどのようにすれば身に付くものなのか。

教養とは単なる知識ではない。どれだけ多くの知識を身に付けたとしても、それだけではただの物知りに過ぎない。現実の人生や社会の問題と深い関わりを持った知識でなければ教養とは呼べない。

そうだとするなら、単に抽象的な理論を学ぶだけでは教養は身に付かないだろう。

教養にとって必要なのは、自分自身の思考や体験と結び付いた知識である。その意味では、未知の世界を訪ねてさまざまな人間や文化に接し、自分の目で見、自分の頭で考え、判断し、行動するといった実体験ほど、若者にとって貴重な教育はない。そうした体験は、彼らの世界観を変え、人生観を変え、人間的な成長をもたらす大きな原動力となっていく。

教育は本来的に全人的な営みである。和魂や洋魂の部分を捨てて、表面的な知識や技術を身に付けたところで、それだけでは十分な教育とは言えない。ましてや、近代の学問は、西洋からの輸入学問であっただけに、それを言葉では理解したつもりにはなっても、それだけでは日本人の問題意識や心情にぴったり合うとは限らない。そのような教室での講義にどれだけの価値があるのか、それを学生たちは本能的に嗅ぎ取っているのではないだろうか。

だからこそ、学生たちは、課外活動などを通じて仲間と付き合い、協働し、切磋琢磨することを通じて、正義、勇気、礼義、責任、信頼、我慢、忍耐、尊敬などの大切さを体得していった。それによって教室で学ぶ知識としての学問を補っていたとも言える。イギリスのエリートたちは、人間としてもっとも大事なことをイートンやハーローといったパブリックスクールでの寮生活から学ぶと言われるが、旧制高校がなくなった現代において、日本の学生はそれを課外活動で学んでいるのだ。

学生たちは、頭よりも身体で覚えたほうが高い学習効果が得られるということを、自らの経験を通して理解しているのかもしれない。観念的な学問の概説を字面だけで学ぶことよりも、課外活動のほうに、より高い教育的価値があるということを見抜いているのかもしれない。企業が大学の運動部出身者を歓迎するのも、彼らが人間として大事なことを体験的に身に付けていることを知っているからであろう。

〈正規の授業には価値がないのか〉

古くは和魂漢才、明治以降においては和魂洋才という言葉が使われることがあるが、教育とは本来、魂と才の両方を養うための営みである。両者は言わば車の両輪の関係にある。魂の部分については課外活動などの果たす役割を決して無視することはできない。教室の授業だけでは得られない大事なものがそこには存在する。日本の大学が優れているとすれば、それはまさにこの点にあると言えるだろう。

しかし、それにしても、肝腎の正規の教育課程に課外活動ほどの価値を認めてもらえないとすれば、大学人としてあまりに情けない。

大学の授業はそれほど価値のないものなのか。決してそんなことはないはずだ。物事を論理的に考える能力、真実を探求する精神、批判的な思考力、人生や価値についての深い考察力などは、課外活動だけでは身に付けることのできない重要な知的能力である。そのような能力を高める教育を実施することが大学の重要な機能であるはずだ。それがうまくいっていないとすれば、大学は大いに反省し、よほど腹を据えて授業の内容や方法の改善に取り組まなければならない。その際、特に、知識だけでなく思考と体験を重視する立場から、教養教育の中にさまざまな社会体験や現場体験の機会を取り入れ、学生の成長を支援していくことが重要と考えられる。

2　知的フロンティアを広げる

〈幅広いカリキュラム〉

実際の教育においては、いろいろな分野の学問を通じて知的な関心を広げ、思考力・判断力を高め、行動力を身に付けられるようにする必要がある。経験知に対する理論的な枠組を提供してくれるような教育も必要だ。それらを通じてしっかりした死生観、歴史観、世界観を身に付けられるようにすることが重要な課題であろう。

そのためには、教育の中身では、歴史や哲学や倫理学を含めて、人文学、社会科学の分野を幅広く学べるようにする必要があるし、物理学や生物学などの自然科学の基礎的な知識も不可欠となる。そのうえで環境問題への理解を深めることも重要だ。社会のあらゆる分野で科学技術の進展が目覚しいことを踏まえるならば、科学技術の基本的知識を身に付けることは、将来の進路にかかわらず、誰にとっても不可欠な要素となるだろう。伝統的な文系・理系の区別をなくした文理融合のカリキュラムを通じて、科学のわかる政治家や行政官、あるいは芸術・文化のわかる科学者や技術者を育てる教育が必要になってくるのだ。

また、心身一如の考え方から身体能力の向上を教育の重要な要素として扱い、文武両道の士を育てることも大事であろう。さらに将来研究者になることを目指す学生にとっては特にそうだが、学問を広く俯瞰できるような幅の広い基礎的な知識を身に付けさせることも重要な課題だ。

アメリカのゴア元副大統領はハーバード大学で政治学をメジャーに選んだが、たまたま学部で履修した地球温暖化研究の第一人者による授業から大きな影響を受けて環境問題への関心を抱くことになった。それがのちに「不都合な真実」でノーベル平和賞を受賞することにつながっていくのだ。このように自分の知的フロンティアを広げられるところにリベラルアーツ教育の価値がある。

グローバル化の時代には異文化交流の重要性もますます高まっていく。コミュニケーション能力を高めるためには、日本語はもちろん外国語を含めて、読解、発表、討論に必要な言語能力を徹底的に身に付けさせることが基本中の基本となる。そのためには教室での授業だけでは不十分であり、さまざまな海外研修プログラムを取り入れ、現場体験を通じて学べるような機会を増やす必要があるだろう。

ちなみに、アメリカではハーバード大学が学部四年間のうち一年間は海外体験をさせる方針をとっているのをはじめ、多くの大学が学生の異文化体験を重視した教育プログラムを実施している。スタンフォード大学の場合は、オーストラリアであればグレートバリアリーフで環境問題について学び、中国であれば歴史と文化について学ぶといった具合に、海外体験と具体的な学習テーマとを結び付けるプログラムづくりをしている。マサチューセッツ工科大学は、日本を含む諸外国で海外体験プログラムを実施しており、その中には現地の企業で働く機会も設けられている。

日本の大学においても、近年は語学研修を主目的とした短期の海外留学が増えているが、さらに長期の海外体験の機会も拡充し、四年間の教育目標に照らしながら研修内容の充実を図っていくことが望まれる。

〈**古典に学ぶ**〉

教養教育においては、人類共通の財産である古典を活用することが重要になってくる。歴史の風雪に耐えて読み継がれてきた古典は、今日においても我々に多くのことを教えてくれる。古典を読み、それをもとにして意見交換や討論をすることで、学生は本当の学問の楽しさを味わうことができ、それを通じてしっかりした倫理感や価値観を身に付けることができる。それができれば、あとは学生自身が自ら興味を持って積極的に勉強するようになるだろう。それが世界に通用する「教養ある専門家」への第一歩である。

ところで古典を重視するといっても、どのような古典を教材として選択するかが問題になってくる。アメリカでは「グレートブックス」と呼ばれる伝統があって、その考え方を継承するアスペン研究所が主催するセミナーでは、主としてソクラテス、プラトン、アリストテレス、ホッブス、ロック、ルソー、ミルをはじめとする西洋の古典文献が用いられている。しかし日本人にはおのずから、これとは異なった視点からの日本人としての重要な古典があってよいはずだ。

アスペン研究所のセミナーに共鳴した小林陽太郎氏（富士ゼロックス会長）らの尽力で設立された日本アスペン研究所が主催するセミナーでは、西洋の文献は半分ぐらいで、あとは『東洋の理想』（岡倉天心）、『奥の細道』（松尾芭蕉）、『正法眼蔵』（道元）、『古事記』（太安万侶）、『論語』（孔子）、『学問のすゝめ』（福沢諭吉）をはじめとする東洋の古典が多く取り入れられている。こうした教材の選択こそが、それぞれの大学の個性と見識を発揮する重要な場面と言えるだろう。

東京大学では新入生のために『教養のためのブックガイド』という冊子を出版しており、そこに登場する本は古今東西の名著三七〇冊にも及んでいる。ただし、どちらかというと海外の文学作品が多く、先に挙げた日本の古典五冊はどれも含まれていない。東大教養学部の教員の教養観が反映されているようで大変興味深くもあるが、日本の将来を担う各分野の人材がここから輩出されることを思う時、果たしてこれで大丈夫なのかといささか不安にもなってくる。

日本は近代化の中で西洋の技術は学んだが、その根っ子にある思想・哲学をきちんと学ばなかった。和魂のもとになっている日本や中国の古典も見捨てられてしまった。そのため今では大学で本当の教養教育を担当できる教員が少なくなっている。改めて洋の東西を問わず、身近なところにも目を向けて、優れた古典に立ち返る教育が必要だと思う。それも、誰かが書いた解説書ではなく、翻訳でもよいから原著者の生の言葉が伝わってくる原典を教材として用いることだ。それが学生の血となり肉となっていくのだ。

3　思考力・表現力を養う

〈一方的な講義ではダメ〉


教養教育においては、ただ単にいろいろなことを知識として覚えるだけでなく、思考力を育てることが重要な課題となる。自分の考えをきちんと表現する能力を高めることも重要だ。そのためには教員の指導能力が重要な役割を果たすことになる。

大学の教員は通常は研究業績に基づいて評価される。教員採用のための選考審査も主として研究業績に基づいて行われるのが通例であり、その際教育者としての資質や能力が問われることはあまりない。その結果であろうか、現実には、日本の大学では教員が一方的に講義をするだけの単調な授業が多い。学生の理解力や記憶力は求められるにしても、思考力や表現力を鍛えるような教育はあまり行われていない。学生は出席をとられるせいか案外真面目に授業には出るが、単に消極的に参加しているだけのことが多い。

教員の一方的な講義という授業形態はある意味では日本の伝統でもある。江戸時代の藩校や寺子屋にしても先生の話すことを聞くだけ、あるいは論語などをただ復唱するだけ、そういう受け身の授業が多かった。明治以降になると、西洋の学問の果実を学生たちに伝えるのが大学教員の仕事となり、それを知識として記憶することが学生の務めとなった。

それに加えて、日本では大学教授は自分を研究者とみなす傾向が強く、教えることをまるで雑務とでも考えるような風潮が今でも残っている。そのため授業の質はなかなか改善されることがない。そもそも大学教育の中核となる教室内での授業が実際にどのように実施されているかについて、大学の執行部がその実態を正確に把握することすらほとんど行われていないのが現状であろう。

大学の進学率が低かったころは、大学に進学するのは向学心の高い人ばかりだったから、どのような授業をしたところでそれが問題になることはなかった。学生はつまらない授業には出席しなかったが、自分で勝手に勉強したのである。しかし今日のように進学率が五〇%を超えるようになるとそうはいかない。学生は授業には出ても、あまり勉強はしない。つまらない講義ではますますやる気を失ってしまうことになる。

学習においては理屈抜きに覚えるということも時には必要なことだ。しかしそれだけでは本物の知識は身に付かないし、思考力も育たない。思考力や表現力は、学生自身が授業に積極的に参加して、自分の意見を述べ、討論しあうことを通じて、はじめて育っていくものであろう。一方的な講義だけの授業では、学問に対する興味や好奇心を掻き立てられることもない。そのような授業に出席するくらいなら、自分で本でも読んでいるほうがよほど時間の有効活用と言える。授業の方法を改善することが必要不可欠なのだ。

問われているのは教員の力量である。授業において教員に期待される役割は、単に知識を教えることではない。学生に強い動機づけを与え、学生がさまざまな学習体験を通じて知識を身に付け、思考力や表現力を高められるよう適切な支援をする道案内人となることである。授業の中身に学生の心をとらえるだけの魅力があるか、学生を揺り動かすに十分な熱意と技量が備わっているか、それが問われているのだ。

これまで日本の大学は、学生の教育に手を抜いてきた。その欠陥を辛うじて補っているのが卒業論文や卒業研究である。しかしそのようなやり方ではもう通用しなくなっている。教員にしてみれば、自分自身が思考力や表現力を育てるような教育を受けてきていないのに、今さらそのように指導しろと言われても困るかもしれない。しかしそこを乗り越えていかなければ、日本の教育は国際的に通用するものとはなりえない。

大学教育の質の向上とは、昨今言われているような成績評価を厳格にすることで実現できるものではない。その前に、まず教育の中身を根本から見直して、学生に実質的な成長をもたらすような質の高い授業を実践するところから始めなければならないのである。

〈授業形態の工夫〉

思考力や表現力を高める質の高い授業を実施するためには、少人数クラスのほうが効果的だ。学生数の多い大学や学部の場合は、学生の一体感を高めるためにクラス制度を設けるなど、何らかの工夫が必要であろう。ちなみにかつての旧制高校は全国各地に設けられたが、学生数は少ないところでは一学年八〇人、一番多い第一高等学校で一学年四〇〇人、通常は二〇〇人前後であった。そして全寮制であった。旧制高校の良さはこの学生自治による寮生活にあったとも言える。この点はこれからの教育を考えるうえでも参考にすべきだ。

それでは大教室の授業は廃止しなければならないのだろうか。そんなことはない。大学といえども学生の授業料に大きく依存している以上、できるだけ経費を抑えながら、効率のよい経営を行わなければならない。もちろん少人数でなければ学習効果が期待できないような授業科目もあるが、そればかりではない。学生のほとんど全員が履修するような概論的な科目の場合は、それを少人数クラスに分割していたのではいかにも効率が悪く、それでは経営が成り立たない。そうであれば、あとは大教室での授業の質を高める工夫をするしかない。それは容易なことではないが、決して不可能なことではない。

アメリカの有力大学でも、千人を超える学生を相手に、誰も退屈にさせないような魅力的な講義を展開し、学生からの積極的な発言を求めたりしながら、全員に深く考えさせるような授業を行っている例がたくさんある。担当する教員の指導能力が高いから、学生もそれに惹きつけられて熱心に耳を傾けているとも言えるし、逆に、授業の質に対する学生の期待と要求水準が高いから、教員も必死になってそれに応える努力をしているとも言える。この点は大いに見習うべきだ。

もちろん日本の大学でも模範的な講義を行っている教員はいる。そのような優れた教員の授業を参考にしながら各大学で教育技法を高めるためのＦＤ活動を推進すべきだ。研究業績さえあればそれで大学教員が務まるという古い考え方は改めなければならない。研究業績だけで大学をランク付けするのも問題がある。

こうした問題の根源にまで遡ると、将来の大学教員を育てている大学院の教育に大きな問題があることも明らかになってくる。そのことは第Ⅳ章で論じたいが、しかしそれを言っているだけでは何も変わらない。現実の問題としては、各大学で教員の教育力を高めるための組織的な取組を強化することが重要だ。それとともに、新任教員を採用する際には模擬授業をさせること、さらに採用直後には、学生に対する指導法の基本をきちんと身に付けさせるための研修を徹底する必要があるだろう。

〈初年次ゼミの導入〉

学生の学習意欲を高め、思考力や表現力を身に付けさせる教育を進めるためには、具体的にはどのような取組から着手すればよいのだろうか。いろいろな方法があるとは思うが、ひとつの有力な突破口となりうるのは、初年次からゼミナール形式の授業を導入することであろう。

ゼミと言えば、通常は三―四年次に行われ、教員が自分の最先端の研究テーマに学生を参加させるという手法がとられることが多い。しかしここで言う初年次ゼミは、大学に入学したばかりの新入生に対して、文献探索方法やノートの取り方、レポートの書き方などの基本的な学習スキルを身に付けさせることから始まって、少人数のグループで、あるテーマについて自分たちで調べ、その結果をまとめて発表し、討論することを通じて、能動的な学習態度を体得させ、学ぶことの意義と面白さを理解させるのがねらいである。

こうした学習方法を通じて、学生は批判的思考力を身に付けることができるし、自分が何を深く勉強したいかを早い時期に発見することができるようにもなる。大学教育の質を高めようとするならば、まずこうした初年次ゼミを必修にして、すべての学生に受けさせるべきだ。もちろん教員も全員が参加して、学生に対する教育の責任を分担するのが基本である。

そのような試みはすでに始まっている。たとえば、東北大学では、数年前からすべての学生を対象に、詰め込み型「受験学習」から自発的な「大学での学び」への転換を目的とした学部横断型の少人数編成による初年次基礎ゼミを実施しており、そこでは、実験・実習や、調査、研究、発表、討論のプロセスなど、参加・体験型の授業形態を通じた学習によって成果を挙げている。

こうした初年次ゼミを通じて学生主体の発表や討論を重視した参加・体験型の授業形態が定着すれば、学生たちの知的探究心は高まり、ゼミ以外の通常の授業科目においても一方的な講義形式だけでは満足できなくなっていくにちがいない。教員の指導力に対しても厳しい見方をするようになっていくだろう。それがひいては大学教育を活性化する大きな原動力となっていくはずだ。

4　学生の立場に立って考えているか

1　学力がすべてではない

〈知徳体のバランス〉

大学教育の質を高めるには、学習意欲の高い学生が大学に進学してこなければならない。学ぶことの面白さがわかる学生が入学してこなければならない。ところが現実には、受験勉強で学力の伸びきった学生が入ってくる。何とかして入学者の質を高めることはできないだろうか。

入学者の質を高めるのは難しいことだが、決して不可能なことではない。大学の責任においてできることがある。

日本の小・中・高等学校の教育について、文部科学省はそのねらいを「生きる力」を育むことと説明し、そのために次の三点を強調している。第一は、知識・技能に加え、学ぶ意欲や、自分で課題を見つけ、自ら学び、主体的に判断し、行動し、より良く問題を解決する資質や能力などの「確かな学力」、第二は、自らを律しつつ、他人とともに協調し、他人を思いやる心や感動する心などの「豊かな人間性」。第三は、たくましく生きるための「健康や体力」である。

これはまさに、教育基本法に掲げる「人格の完成」を目指した知徳体のバランスのとれた教育の姿にほかならない。そのために学校においては多彩なカリキュラムが組まれている。正規の教科目の授業もあれば、課外活動もあって、いずれも学校教育の一環として重要な位置づけを与えられている。これによって子供たちは、学力以外の面でも自分がどんな方面に優れた才能を持っているかを発見し、それを伸ばしていくことができるようになる。こうした全人的な教育を重視しているところに日本の教育の大きな特徴があるのだ。このことは大いに誇ってよい。

ところが、現実の学校生活を見ると、日本の高校生はあまり勉強に熱心ではない。一部の難関大学を目指す受験生を除けば、授業・宿題以外の勉強をしない生徒の割合は、諸外国と比べても突出して高い。自分で調べたりする意識も低い。授業中に居眠りする生徒も多く、しかもそれが黙認されている。高校の学習は、受験に必要な範囲での記憶力中心の勉強になっているのである。そして肝腎の大学入試においては、学校教育が本来目指している全人教育の方針を無視するかのようなペーパーテストに偏重した選抜方法が採用されている。

大学が入学試験を通じてどういう学生を選抜しているかは、その大学がどういう人物像を望ましいと考えているかを示す指標とも言える。そうだとすれば、ペーパーテストの成績だけで合否を判定する大学は、そういう試験で選ばれるような人物を望ましいと考えていることになるのだ。だがそれでは、高校までの教育方針を否定しているようなものではないか。そのような偏った大学入試が、結果的には高校以下の教育を歪めることになるのだ。そうしてみると、高校生の学習意欲をなくさせ、大学進学者の質を低下させているのは、実は大学自身なのである。

〈大学入試の改善〉

大学としてなすべきことは、まずは入学者選抜において、ペーパーテストだけに頼るやり方をやめることである。課外活動や生徒会活動、あるいは地域でのボランティア活動なども含めて、受験生の資質能力を総合的に評価するような入学者選抜方法を採用すべきなのだ。

よく知られているように、ハーバード大学などでは、SATと呼ばれる全国的な統一学力試験の成績だけでなく、課外活動その他の活動状況、さらには面接や高校長の推薦状などを考慮しながら総合的に合否を判定して入学を許可している。また入学後の学生にとって最善の教育環境を維持するために、入学生が特定の高校や地域に偏ることを避け、全国から多様な学生を集めるといった配慮もなされている。それには大変な手間がかかることは言うまでもない。しかしその手間は、大学の質を高め、さらに高校以下の教育を歪めたりしないためにも、必要な手間であると考えているのだ。公平性や客観性といった理由でペーパーテストに頼るのは、試験をする大学側の責任回避であり、怠慢である。

現在のようなセンター試験による○×の択一選択方式では、知識の量を測ることはできても、思考力は測れない。そのような試験のために、真面目な生徒が大事な思考力を育てずに、表面的な事象を暗記するだけの高校生活を送るのは実にもったいないことだ。○×ではなく、自分の頭でものを考えさせるような試験問題を出すべきなのだ。

センター試験は、ある一定の合格ラインを超えたかどうかを判定する大学入学資格試験にするというのも一案であろう。そのうえであとは個別大学がそれぞれ工夫して独自の入学者選抜試験を実施することにすればよい。

せめてトップクラスの難関大学だけでも、現在のようなペーパーテストの点数に頼った選抜ではなく、受験生の思考力を測るような試験や、課外活動の状況も含めた多様な能力を評価して選抜することを検討すべきではないか。それにはかなりの労力を必要とするだろう。しかし長い目で見れば、それが大学の入学者の資質を高めることにつながっていくはずである。

〈高校教育の正常化〉

学力偏重も問題だが、それ以上に問題なのは学力の軽視である。受験に必要がないからといって高校で大事な科目を履修せずに、あるいは履修しても真面目に勉強せずに、大学に進学してしまう。極端な例を挙げれば、生物を勉強しないで医学部に進学する学生すら出てくる。こういうことを許しておいてよいのだろうか。

同様に、高校で生徒を文系コースと理系コースに分けて特定の科目に偏った学習をさせるのも、見せかけの学力向上で大学合格者の数を増やそうとするものであって、百害あって一利なしである。数年前に多くの高校で、世界史が必修とされているにもかかわらず、実際には大学受験に向けて他の科目を履修させていたという、いわゆる世界史未履修問題が発生した。こうしたことも許してはならない。何よりも生徒本人の利益に反するからである。

しかしこうしたやり方によって、少なくとも受験に関する限りは、多少なりとも有利になることは否定できない。だとすれば、これを高校側だけの問題として片付けてしまっては、本当の問題解決にはならないだろう。むしろ大学側の責任において、そのような安易な履修方法を許さない入学試験を実施すべきなのだ。自分の大学はどの科目とどの科目の試験を課しますと宣言したり、あるいは特定の教科に偏らない幅広い学力試験を実施することにしたりすればよいのだ。

もちろん、学生集めに苦労しているような弱小大学がそんなことを言い出したのでは、受験生が来なくなるだけだろう。しかし、トップクラスの難関大学が足並みを揃えてそのような方針を打ち出せば、高校以下の勉強の仕方が変わることになる。一流と称される大学にはそれぐらいの見識を発揮すべき社会的な責任があるはずだ。

2　早過ぎる専門への分化

〈受験生に学科の選択をさせてはいけない〉

大学に入学すると同時に専攻分野を決めさせるような入学試験のやり方にも問題がある。受験生に対して入学時に学部を選択させるのはまだしも、学科レベルまで選択させることのメリットは何もない。普通の高校生にその判断ができるとも思えない。学科ごとに定員を設けているのは、学科の既得権益を守りたいという教員たちの都合に過ぎない。学生のためを思うならば、そのような区分は廃止すべきだ。仮に学科を選択させるにしても、入学後一年あるいは二年経ってからにすべきだ。そのほうが学生のためであろう。

戦後の新制大学発足に際して教養学部を開設した東京大学では、入学試験は文科Ⅰ－Ⅲ類、理科Ⅰ

―Ⅲ類の六つの大まかな専攻分野に分けて実施し、教養学部における二年間の前期課程を修了してから、進学振り分けを経て専門の学部および学科に進学する仕組みを採用している。教養学部としての専門学科も小規模ながら設けられている。基本は「レイトスペシャライゼーション」の考え方である。

あらゆる分野で変化が激しい時代にあって、しかもこれからの長い人生を考えるならば、大学の学部時代には狭い範囲の専門分野の勉強をするのではなく、できるだけ幅広い知識や技術を身に付けておくほうがよい。学部の教育内容はそういう観点から見直す必要がある。

だがそれは、単に教養教育の必修単位数を増やせば済むというものではない。重要なことは、いかにして専門教育と教養教育を有機的に統合し、いかにして四年一貫の体系的な教育プログラムを構築するかということである。

〈リベラルアーツ的な教育課程の事例〉

その意味でも、学部の教育は「幅広い専門の基礎と教養」を中心としたいわゆるリベラルアーツ的な学士課程教育にするのが望ましい。そのためには、狭い専門領域の学部組織を廃止・統合して、文理学部や教養学部といった幅広い組織に再編するくらいの思い切った方策をとることも検討すべきであろう。そうすれば、学生は入学時に自分の専攻分野を狭く絞り込む必要がなくなるので、進路選択のミスマッチを減らすことができるし、教員にとっても狭い専門性の壁がなくなり、横断的な協力や学際的な研究活動への取組が容易になってくる。

これを徹底して実践しているのが国際基督教大学である。同大学はもともと教養学部の一学部だけで、アメリカの大学に倣ったリベラルアーツ重視の教育を実施していたが、二〇〇九（平成二一）年からはそれまでの六学科を廃止してアーツ・サイエンス学科の一学部一学科にしてしまった。入学定員は六二〇名。学生は一、二年次では語学、一般教育（人文、社会、自然）、保健体育、メジャー（専修分野）の基礎科目を履修し、二年次終了時に自分でメジャーを選び、三、四年次ではメジャーの専攻科目を履修するという仕組みだ。複数のメジャーを選択することも可能である。

参考までに三二のメジャー分野を紹介すると、美術・考古学、音楽、文学、哲学・宗教学、経済学、経営学、歴史学、法学、公共政策、政治学、国際関係学、社会学、人類学、生物学、物理学、化学、数学、情報科学、言語教育、言語学、比較教育、教育・メディア・社会、心理学、メディア・コミュニケーションと文化、日本研究、アメリカ研究、アジア研究、ジェンダー・セクシュアリティ研究、開発研究、グローバル研究、平和研究、環境研究となっている。

このような幅広い充実した教養教育を支えているのが、徹底した少人数教育と教員アドバイザー制度である。教養教育を重視する大学のあるべき姿としてひとつの理想的な形と言えるだろう。卒業生の二割は大学院に進学している。

早稲田大学が二〇〇四（平成一六）年に設立した国際教養学部は、四年間にわたるリベラルアーツ教育を行う学部である。開講科目は七つのクラスターと呼ばれる分野（①生命・環境・物質・情報科学、②哲学・思想・歴史、③経済・ビジネス、④政治・平和・人権・国際関係、⑤コミュニケーション、⑥表現、⑦文化・心身・コミュニティ）にわたって幅広く設けられている。入学定員は二〇〇名で、学生の約三割は外国人留学生であり、授業が英語で行われるのが特徴的だ。

秋田県が二〇〇四（平成一六）年に開設した公立の国際教養大学は、入学定員が一五〇名の小規模なリベラルアーツ大学で、授業はすべて英語で行われている。

〈**学部の教育課程の見直し**〉

こうした取組をしている大学は日本ではまだ少数派だ。有力な国立大学では皆無である。早稲田大学の場合も、四年一貫のリベラルアーツ教育を行うのは一学部だけであって、大学全体ではない。しかし、二一世紀の今日、時代が求めるのはこのような幅広い専門の基礎と教養を中心とした学士課程教育であることは間違いない。

海外に目を向ければ、アメリカには優れたリベラルアーツ大学が数多く存在するし、ハーバード大学のような研究中心の有力大学でも、学部レベルにおいては幅広い学問の基礎を学べるようにカリキュラムが編成されている。アメリカ以外でも、たとえばオーストラリアのメルボルン大学では、専門の深さと幅の広さの両方を重視するリベラルアーツ的な「新世代学位」のための学部教育へと転換している。

日本の大学においても、こうした観点から学部の教育課程を抜本的に見直すべきだ。その際、既存の学部を統合する必要も出てくるだろう。それは大学の持つ教育資源の有効活用という観点からも意味のあることである。必ずしもひとつの学部にする必要はないにしても、たとえば人文学・社会科学系の学部については一本化することにし、そのうえで他の学部の授業科目も一定の範囲内で履修できるようにするといった方法も考えられる。

仮にそこまで一気に進めるのが難しいとすれば、まずはそのための第一歩として、各学部の学科を廃止することから始めるのもいい。それだけでも大学教育の枠組が広がるし、受験生に難しい選択を迫らなくてもすむようになるだろう。

すでに新しい試みも始まっている。北海道大学では二〇一一（平成二三）年度から、入学定員の半数近くを対象として、文系、理系ごとに学部を決めずに入学させる総合入試を実施することにしている。学生は一年次には総合教育部に所属して教養中心の教育を受け、二年次進級時に学部を選択することになる。北海道大学のような有力な総合大学だからこそできるとも言えるし、だからこそ率先して取り組む責務を負っているとも言える。このような取組が他の大学にも広がっていくことが期待される。さらに、今後は入学試験の内容そのものの改善に向けた取組が行われることも期待したい。

〈大学が変われば高校も変わる〉

中学校や高等学校には、将来自立した専門職あるいは研究者として日本の社会を引っ張っていこうという志を持った向学心に燃える若者が大勢いる。そういう若者に対しては、早いうちから、自分の興味関心を大切にしながら思考力を高める教育や、狭い意味での学力だけでなく知徳体のバランスのとれた本来の「生きる力」を育むための教育を受けさせるべきだ。そのために大学の責任でできることがある。

高校までの教育に、良い意味でも悪い意味でも大きな影響を及ぼしているのは、大学自身である。

だとすれば、大学の決断次第で高校の教育も変えられるはずだ。特に重要なことは、これまで述べてきたように、第一に入学者選抜において学力以外の要素も考慮すること、第二に大学入試の問題を改善すること、第三に学科レベルの専攻を決める時期を遅らせることである。

こうした方策は、すべての人学に共通する制度上の問題ではない。したがって、全国一律に決めるべきことではなく、個々の大学の判断で実施することができるのである。

とはいえ、個々の大学にとっては、これは入学者の確保にも影響する重大な問題であり、おいそれと踏み切るわけにはいかないかもしれない。しかし必ずしもすべての大学が決断する必要はない。学生確保のことを心配しなくてもすむようなトップクラスの難関大学が率先して実行すればよいのだ。トップクラスの大学が、学力試験においては思考力を重視するような問題を工夫し、さらに学力以外の要素をも考慮した入学者選抜方法を採用するならば、そこへの進学を目指す生徒の多い高等学校の教育が変わってくる。それによって中学校の教育も変わってくる。そのような正の連鎖反応を起こす必要があるのだ。

Ⅲ　大学は質の高い専門家を養成しているか

1　日本には専門家が育っていない

1　社会は高度の専門家を必要としている

〈企業環境の変化〉

現代社会は、あらゆる分野で、高度な専門知識や技術を身に付けた人材を必要としている。幅広い知識や的確な判断力だけでなく、特定の分野に関する高い専門性と職業倫理を身に付けた優れた専門職を必要としている。そのような人材を誰がどこで育てるのか。それはやはり大学の役割であろう。だが果たして日本の大学はその責任を十分に果たしているだろうか。

日本の企業は、長い間、大学教育の中身にはほとんど期待してこなかった。大学の成績よりも、周囲との協調性や性格の明るさを歓迎する傾向が強かった。口では創造的な人材が欲しいとは言っても、それはあくまで建て前であって、本音では集団行動を乱さない協調性のある常識的な人材を欲していたのだ。「大学で余計なことを教える必要はない」と豪語する人事担当者さえいたくらいである。実際、どんなに優秀で独創的な人であっても、一人だけ周りから突出するような人はかえって敬遠されたものである。

もっとも、企業は大学にまったく価値がないと考えていたわけではない。ただし企業にとって価値があったのは、大学の教育機能よりはむしろ大学入試によって序列化されていく人材選別機能のほうであった。学生もそのことがわかっていたから、厳しい受験勉強を経ていったん大学に入学してしまうと、それで目的達成とばかりに、とたんに勉強しなくなる。大学は大学で、それをいいことにして、学生を徹底的に鍛えるという責任を放棄してしまった。

それでもある時期まではそれが問題になることはなかった。なぜなら、企業において必要とされる知識や技術は、終身雇用制に支えられる形で、就職してからの企業内教育において十分に身に付けることができたからである。新入社員はあまり色のついていない、むしろ限りなく白紙に近い凡庸の集団であることが歓迎されたし、同期に入社した社員はある時点まではほぼ同じように処遇され、給料も同じように増えていったのだ。

しかし、こうした慣行は、高度成長期に典型的に見られた重厚長大・大量生産方式の製造業を支える人材観に基づくものであって、今ではすでに過去のものとなりつつある。二一世紀の時代には通用しないであろう。

今日、グローバリゼーションの進展とともに国際競争が厳しくなり、多くの企業が海外に生産拠点を移しつつある。そのような企業は、それまでのような国内でしか通用しないマネジメントシステムを続けるわけにはいかない。組織も人材もグローバルスタンダードに合わせなければならなくなっていく。つまり、社会のあらゆる分野で、一人ひとりの個人のプロとしての能力が求められ、そのような優れた人材の有無が組織全体の業績を左右するのである。そういう時代には、企業は、質の高い専門家を活用しなければ、国際競争の中で生き残っていくことができなくなっていく。

〈専門性を備えた教養ある人材の必要性〉

最近は、採用する側の意識も変わってきたようだ。採用選考においては協調性よりも主体性を重視する企業が多くなっているし、かつては大企業では定期採用しか行っていなかったのが、近年は中途採用がどんどん増えている。

採用される側の意識も変化している。たとえば、以前ならば「将来どういうステップでどのように昇進していくのか」ということに関心を示したが、最近は「自分はどういう仕事を担当させてもらえるのか」と尋ねるようになってきたということも耳にする。こうした現象は、若者の意識が「入社」から「就職」へと変化していることの表れと見ることができる。

このように、今日の社会においては、専門家としての能力を備えた教養ある人材に対する需要が高まっているのだ。そうした専門家が活躍する場はもちろん企業だけではない。官庁もあれば、NPO

や国際機関もある。個人として活躍する専門職もいる。自分で起業する人もいる。以前と比べると、高い専門性を持った職業人があらゆる分野で活躍する時代になりつつあるのだ。だからこそビジネススクールが増えているのであり、ヘッドハンティング・ビジネスも繁盛するのである。

他方、近年のように技術の進歩や産業構造の変化が激しい時代には、大学で学んだ知識や技術だけで定年まで仕事を続けることは難しくなっている。いろいろな理由から現在の仕事を離れて新しい職業に転身しようとする人も増えている。そういう人たちのためには、いったん社会に出たあとも、もう一度大学に戻って高度の専門知識や技術を身に付ける機会が用意されなければならない。

そうなると、大学としては、これまでのように実社会の経験のない若者だけを相手にして、いい加減な授業でお茶を濁すというわけにもいかなくなる。名ばかりの専門教育ではなく、中身のある教育を通じて高い専門性を備えた人材を育成し、社会に送り出す必要があるのだ。それが二一世紀の大学の重要な使命である。今こそ新しい時代のニーズに合った幅広い専門家を効率的に育てる教育サービスの在り方を模索しなければならないのだ。

だが大学だけがいくら努力しても、社会の側に大学教育の成果をきちんと評価し、協力しようという姿勢が広まっていかなければ、現状を改善するのは難しい。その観点からとりわけ問題なのは、全国の大学生が三年次の半ばから、あるいは大学院生ならば修士一年の夏から、リクルートスーツに身を包んで企業を訪問し、就職活動に精を出さなければならないという現実である。

大学生活の中でももっとも大事な時期が就職活動に費やされているのだ。これはどう考えても異常である。これでは大学教育が成り立たない。大学教育に注文をつける側が、自ら大学の教育機能を否定しているようなものだ。企業側がこうした慣行を改めないと、日本の大学教育は良くならないだろう。日本経済団体連合会などが中心となって真剣に取り組むべき課題だと思う。

2　現実から遊離した学問では役に立たない

〈実学偏重から高邁な学理偏重へ〉

前にも述べたように、もともと日本の高等教育は実学主義で、そのことが批判の対象にもされてきた。戦後の新制大学においては、一般教育の導入によってかつてのような実学偏重は是正されたが、ではそれによって学問の果実だけでなく種子の部分も重視されるようになったかというと、必ずしもそうではなかった。それどころか、実学教育の良い面でもあった社会の現場のニーズに応える精神までが失われてしまい、学問が現実から遊離した抽象的で高邁な学理に傾斜するようになってしまった。そのために、産業界からは即戦力を求める声が強くなってきたのだ。

なぜそのようなことになったのか。いろいろな理由が考えられるが、ひとつの要因は、戦後の大学制度の成り立ちとも深く関わっている。

戦後の教育改革では、それまでの多様な高等教育機関がすべて四年制大学に一本化されて、その結果、それまで実験・実習などを重視していた多くの専門学校も大学に昇格することになったが、大学になったとたんに、実践よりも学理、教育よりも研究を重視するようになってしまった。さらに新制大学では、それ以前に比べて専門教育の時間が少なくなってしまい、その中で一律の大学設置基準に従い、全国どこの大学でも同じような講義主体の科目が並ぶ、特色のない教育が展開されるようになってしまったのである。

中でも国立大学の場合は、一県一大学の方針に沿って、多くの旧専門学校が旧制高校や師範学校などと統合されて新制国立大学となったため、それまで専門学校として発揮していた個性や自主性までが失われることにもなった。他方、教員はそれまでの教諭という身分から大学教授に昇格し、それとともに教育者から研究者へと意識が変わってしまい、そのために、いたずらに高邁な学理を講義する授業スタイルが全国の大学に広がってしまうことにもなった。

〈学問の進展と細分化〉

大学が現実の社会から遊離することになったもうひとつの要因は、学問自体の進展である。明治期に近代教育制度が発足して以降、学問が社会の諸問題を解決するための道具として役立ってきたことは間違いない。特に初期においては、学生も教員も自分たちが何のために学問をするのかがわかっていたし、実際、大学で学んだ学問は卒業後直ちに社会の役に立ってきた。工学部を出ればすぐにダムの建設などを任され、大学の成績によって給料にも差がついた。その意味で学問は社会のニーズと深く結び付いていた。

だがその後は、現実の社会の抱える問題はますます複雑になっていくが、他方、学問は社会の問題とは必ずしも連動せずに、ひとつの知の体系として精緻化・細分化していき、その結果、細分化された個々の学問領域だけでは現実の複雑な問題を解決できなくなってきた。

ジグソーパズルに例えれば、かつては、一つひとつのピースが比較的大きく、数も少なかったため、他のピースのことなどあまり気にすることもなく図柄を描くことができた。それが昔の学問だった。それが今やピースが細分化し、数が増えてしまって、一体どれとどれがつながるのか見当がつきにくくなった。逆に図柄は大型化し、より多くのピースを正確に組み合わせなければひとつの図柄が見えてこない時代になったのである。にもかかわらず、ほとんどの教員は相変わらず個々の小さなピースにしか目を向けようとしない。社会が必要とする大きな図柄を学生に伝える努力も十分とは言えない。それが今日の大学の置かれている状況である。

〈借り物の理論〉

人文学・社会科学に至っては、もともと欧米で発達した理論を学ぶことが学問だと考えられていたため、現実の日本社会の問題に目を向けることなく、借り物の理論を振り回す傾向が強かった。特に戦後になると、連合国最高司令官総司令部（ＧＨＱ）の占領政策により、戦前の日本が封建的で軍国主義的であるとして否定されてしまい、学問の世界もマルクス主義の影響を強く受けることになって、ますます社会との接点を見失うことになったのだ。

これからの大学は、単なる抽象的な理論ではなく、現実社会のニーズに基づいた具体的な知識や方法論を身に付けた人材を育成しなければならない。そのための体系的な専門教育を提供することが、大学としての基本的な機能であると同時に責任でもある。

3　日本は低学歴社会でいいのか

〈文系の大学院、特に修士が少ない〉

大学は教養ある社会人だけでなく、高度な専門家を育てる責任をも担っている。ただし、高度な専門家を育てるのはもはや学部段階だけでは無理で、むしろ大学院の役割となりつつあるというのが世界の現実である。

では日本の大学院はどうなっているのか。第一に、日本の場合、他の先進国と比べて大学院の学生数が少ない。第二に、それが理工系分野と保健医療分野に偏っていて、人文学・社会科学系の大学院生は非常に少ないのである。理工系では優秀な学部学生にとって大学院に進学するのは当たり前のこととなっているのに対して、人文学・社会科学系では大学院進学はまだまだ例外なのだ。すなわち、文系に限ると、日本は決して高学歴社会とは言えないのである。

具体的な例として東京大学の大学院進学率を見てみよう。二〇〇五（平成一七）年度卒業生のうち大学院に進学したものの比率は、全体では五三％とかなり高い。東大生の半分以上が大学院に進学していることになる。特に理工系では、大学院進学者の割合は理学部では八五％、工学部では八三％、農学部では七五％に達している。これに対して文系では、法学部が三〇％と比較的高いが、これは法科大学院制度が発足したためであって、それ以前は八％程度だった。文学部でも二七％、経済学部では九％に過ぎない。

では諸外国ではどのようになっているのか。文部科学省の『教育指標の国際比較（平成二一年版）』

をもとに、学位の取得者数を見てみよう。日本とアメリカは二〇〇五（平成一七）年、それ以外は二〇〇六（平成一八）年の数字である。

これによると、博士の学位取得者では、日本が一万七千人、アメリカが五万六千人、イギリスが一万八千人、フランスが一万人、ドイツが二万四千人、韓国が九千人となっている。人口一万人当たりでは、日本が一・四人、アメリカが一・九人、イギリスが二・九人、フランスが一・六人、ドイツが二・九人、韓国が一・八人である。

これに対して、修士の学位取得者では、日本が七万四千人、アメリカが五九万四千人、イギリスが一八万五千人、フランスが九万七千人、韓国が七万人となっている。人口一万人当たりでは、日本が六・〇人、アメリカが一九・八人、イギリスが二九・四人、フランスが一六・二人、韓国が一四・三人である。なお、ドイツには修士が存在しない。

これらの数字から浮かび上がってくることは、第一に、特にイギリスとドイツに高学歴者が多いこと、第二に、日本だけが突出して低学歴社会であること、第三に、日本は他の国と比べて修士号取得者が非常に少ないこと、である。

修士号の分野別内訳を見ると、日本では工学分野を中心とする理系が七割弱を占め、人文学、社会科学、教育などの文系は三割強と少ない。これに対して英米両国では、理系と文系の比率が日本とは逆転しており、文系分野が七割を占めている。中でも教育と法律・経済学の分野が圧倒的に多い。

このことから、日本は、他の先進諸国に比べると　単に大学院で学ぶ学生が少ないというだけでなく、特に文系の修士課程の学生が少ない、という特徴を持っていることがわかる。

〈文系大学院が高度専門職養成の機能を果たしていない〉

文系の大学院修士課程の学生が少ないということは具体的に何を意味しているのか。それは日本の大学院が高度の実務専門家を養成するという機能を果たしていないということである。

文系の修士号取得者を比較すると、日本と諸外国の一番大きな違いは教員養成の制度にあるようだ。諸外国では大学院を卒業した教員が多いのに対して、日本ではほとんどが学部卒（主として教員養成に特化した教育学部）だからである。このことの問題点については、教職大学院との関連でのちほど触れることにしたい。

多くの学生が学ぶ法律・経済の分野では、諸外国では大学院で修士の学位を取得する者が多いのに対して、日本の場合は、ほとんどが学部卒で就職してしまう。諸外国の場合、法律・経済分野の修士課程とは高度の専門職を養成するための実学重視の課程である。日本の場合、この部分の学生が非常に少ないということは、諸外国のように法律・経済の分野で実務の高度専門職を養成する機能を大学院が果たしていないということを意味している。そうかといってそれが学部レベルで行われているというわけではない。

この点に関しては、あとで述べるように、二〇〇三（平成一五）年に専門職大学院制度が創設されたことに伴い、日本でも制度的には大学院修士レベルで高度専門職を養成する体制が整ってきた。法律・経済の分野で高度の専門職を養成する教育が行われてこなかったということは、法学部や経済学部を卒業して就職する日本のビジネスマンや行政官は、諸外国の同業者と比べて専門性において引けを取ることになるということでもある。日本の製造業が高い技術力を持ちながら、それが必ずしも世界市場に通用する事業に結び付かないのは、戦略を考えるべき経営者、およびそれを支えるエリート社員たちの能力に問題があるからではないかとの指摘もある。サービス業分野に至っては、国際競争に晒されていないだけに、イノベーション圧力がほとんど働かず、生産性が極めて低い。

二一世紀においてビジネスの生産性を高めるもっとも重要な要素は知識である。したがって、生産性が低いということは、知識への投資、およびその成果を実際の経済活動に応用する努力が足りないということにほかならない。日本はまだまだ知識基盤社会にはなっていないのである。

ここで私は、大学院進学者が多ければ多いほどよいなどと言うつもりはない。社会が博士や修士の学位を必要としていなければ、わざわざ大学院に行く必要はないとも言えるし、もっと短い教育期間で必要な能力が身に付けられるのであれば、そのほうが経費も安くて済み、効率的でもある。どこの国でも不景気になると就職できずに大学院に進む学生が増えるという現象が見られるが、それをもって高学歴化といって誇るわけにもいかない。しかしそれにしても、日本の場合は、文系の大学院修士課程が高度専門職養成の機能を果たしてこなかったという点で、諸外国との間に大きな格差が生まれている。このことは明確に認識しておく必要がある。

4　グローバル化時代に外国と太刀打ちできない

〈官僚はもはや高度専門家ではない〉

「日本では優秀な官僚が専門家として機能しているではないか」という人もいるかもしれない。たしかに戦前のように大学の数も少なく進学率も低かったころは、帝国大学法学部を出た高級官僚は他の一般の国民よりははるかに勉強をしていたし、学問を身に付けていた。他の職業に就いた人たちと比べると、格段に高学歴のエリート集団であった。しかし、戦後になると、官僚といえども、その学歴水準は他の職業人と変わらなくなった。しかも大学における専門教育の年限は戦前よりも短くなり、教養教育の質もかつての旧制高校の教育とは比べものにならないほど低下した。

現代の官僚は、高度専門職に必要な学識を身に付ける機会がないまま官僚になっているというのが実情に近い。学歴においても学力においても、以前より低下しているのだ。かつては官僚が大事な情報を独占的に所有していた時代もあったが、情報公開とインターネットの普及により、今やそれもなくなった。現代の官僚と他の職業人との違いは、国家公務員試験に合格したかどうかということだけである。

〈低学歴では勝負にならない〉

あるいはまた、「人間の能力は学歴ではない、仕事を通じて学ぶことのほうが大きい」と思う人もいるかもしれない。もちろん、仕事に必要とされる専門知識のすべてが大学で教えられるわけではない。むしろ、仕事をしながら身に付ける知識のほうがはるかに多いとも言えるだろう。現に大学を出ていなくとも、人格、識見、実務能力のどれをとっても大卒以上に優れた人がいることも知っている。

しかし、世の中が今日のように複雑化し、また世界が狭くなって国際的な交渉事が日常的になってきている時、現場の体験を通じて獲得した経験知も大事だが、それ以上に、経験知に理論的な裏付けをし、構造化された概念として理解することの重要性がますます高くなっている。今日においては、国際的な場だけではなく、国内の日常的な仕事そのものが国際化しており、その中で諸外国の専門家たちといろいろな形で協力したり競争したりしながら、一緒になって仕事をしなければならなくなっている。

そういう時代に、経験知だけに頼っていたのでは、その道のプロとして国際的なレベルで太刀打ちできない。それでは政治、外交、経済などのグローバルな競争の中で、さまざまな交渉事において議論の主導権を握ることが難しく、後手に回ってしまい、結局は相手の土俵上で相撲をとらされる羽目に陥ってしまう。日本人だけが低学歴でははじめから勝負にならないのだ。高度の専門知識や技術を持った人材を育成しなければ、日本人が諸外国の人たちと対等に渡り合うことは難しい。マンガとアニメだけで戦えると思ったら大間違いである。

このままでは日本人は、有能な外国人に使われるだけの、勤勉でお人好しで優秀な使用人でしかなくなってしまう。それもひとつの選択肢だと考える人もいるかもしれない。だが、それではあまりにも情けないではないか。そのような情けない日本の姿を見たくなければ、いろいろな分野で日本人の知的な専門能力を高めていくしかない。ホワイトカラーの生産性を高めていくしかない。そのためには大学が本気になって高度専門職の育成に取り組む必要があるのだ。

2　修士課程の目的が曖昧だ

1　専門教育は学部だけでは完結しない

〈形だけだった戦後の大学院制度〉

優れた高度専門職を養成するにはどのような方法がよいのか。学部段階の早い時期から専門教育を実施するほうがよいのか、それとも大学院で行うほうがよいのか。

戦後の新制大学が発足した当初、大学教育は実質的には学部で終わりだった。占領下の日本の教育改革を推進した連合国最高司令官総司令部（ＧＨＱ）としては、アメリカ式に、学部では幅広い教養を身に付けさせ、大学院で専門教育を行うという考えを持っていたようだが、そうした発想は日本側にはまったくなかった。

新しい制度においては、学部の上に大学院も設けられたが、その位置づけは必ずしも明確ではなく、教育組織としての体制は整っていなかった。六―三―三―四制と言われるように、学部の四年間までは誰もが認識していたが、その先の二年あるいは五年については誰も教育機関としては真剣に考えていなかったのだ。

新制度では、大学の修業年限が四年となり、その中で一般教育と専門教育の両方を行うこととされたため、専門教育に充てられる時間数は戦前と比べると少なくなった。さらに、その後は、文系・理系を問わずあらゆる学問分野において学ぶべき内容が増え、しかも内容が高度になっている。そのため、学部段階で専門教育を完結させることはますます難しくなっている。

〈**大学院の拡充**〉

学部の教育だけで専門教育を完結できないとすれば、選択肢はただひとつ、大学院を活用するしかない。高度の専門教育は大学院の修士課程において行うということになる。こうして理工系を中心として、大学院、特に修士課程への進学者が徐々に増えていくことになった。

一九九一（平成三）年、文部省が大学審議会の答申を受けて、当時一〇万人弱だった大学院生を一〇年間で倍増するという「大学院の量的拡充」方針を打ち出した結果、大学院の拡充はさらに進み、学生数も一〇年後にはほぼ予定通り二〇万人に達し、現在では留学生も含めて、約二六万人の学生が大学院に在籍するようになった。この数字は学部の学生数の全体の約一割に相当する。

しかし、前に見たように、これでも、他の先進諸国と比べると決して多いとは言えないのだ。特に大きな差が見られるのは、前にも述べたように、人文学・社会科学系の修士課程における高度専門職養成の機能である。日本としては、法律、経済、教育の分野を中心に、修士レベルでの高度専門職養成機能を強化し、優れた人材を世の中に送り出す必要があると考えられるのだ。

ただし、その時大学は新しい課題に直面することになる。それは、これまで伝統的に研究者養成という側面が強かった大学院において、果たして実践的な高度専門職を養成することができるかどうかということである。

2　旧来の修士課程では実務専門家を育てられない

〈実務家を養成できない日本の大学院〉

大学における状況を見ると、理工系分野においては、かなり以前から、理学部、工学部の延長線上に、大学院の修士課程レベルで科学者や技術者を養成するための高度専門教育を行う体制がほぼ出来上がっていた。ところが、人文学・社会科学などのいわゆる文系分野においては、そのような実務家を養成する体制は確立していなかった。大学院はもともと研究者養成を目的としていたため、実務家を養成するためのカリキュラムにはなっていなかったし、教える教員もアカデミックな世界しか経験していないため、実務家養成のための教育ができるとは限らないのである。

しかし今後需要が増大するのは間違いなく実務の専門家である。アカデミック志向の研究者ではない。一九九一（平成三）年に大学院の拡充を提言した大学審議会答申でも、将来の需要予測として、大学などの研究職は増加せず、社会の各分野で活躍する高度専門職業人の需要が高まってくるということを、明確に予測していた。

そのような新しい考え方に基づいて大学院教育を充実させるには、大学人自身の発想の転換が何よりも必要になってくる。現実社会のニーズに適合した質の高い実務家を養成するには、実務の世界に詳しい教員を増やし、新しい発想による教育プログラムを開発しなければならないのである。

ところが、その後誕生した多くの大学院の実態を見ると、高度専門職養成のためと銘打ちながらも、教授陣には旧来の大学の世界しか知らない研究者ばかりで、カリキュラムも必ずしも実務家養成のものとはなっていないものが多いのである。

それだけでなく、大学院の定員を一挙に増加したため、一流大学ですら大学院の学生確保に苦労するといった事態も生じている。その結果、学力や学習意欲の低い学生でも入学を認めざるをえない大学が増えているのだ。これでは大学院の自殺行為である。

〈修士課程の目的の明確化〉

特に問題なのは修士課程である。修士課程は学部と博士課程の狭間にあって、独自の教育目的と教育内容を備えた組織としては定着しにくい存在のようだ。せいぜい学部教育の延長としてとらえられるか、あるいは研究者養成の前段階としてとらえられるか、そのどちらかであることが多い。まして や人文学・社会科学系ともなると、ますます社会から遠い存在になってしまう。

まず修士課程の目的を明確にするとともに、仮に実務専門家の養成をねらいとするのであれば、それに相応しい体系的な教育内容にしなければならない。それをしない限り、社会のニーズに応えることはできないし、それどころか、せっかく入学してきた学生の期待を裏切ることにもなってしまうだろう。

以前、ある大学院研究科の目的をどう規定するかをめぐって、「実務専門家の養成」だけでなく「研究者の養成」という文言も残してほしいと主張して譲らない教員がいた。博士課程に進む学生もいるからというのがその理由だったが、実際にはほとんどの学生が修士課程修了で就職してしまい、博士課程に進むのはごく一部の例外に過ぎない。どこから見ても、主たる目的が実務専門家の養成にあることは明白である。それにもかかわらず、一―二名いるかいないかの博士課程進学者のためにといってその種の主張をするのはなぜなのか理解に苦しむところだ。実務専門家の養成と言い切ってしまうほどには教育内容に自信を持てないからであろうか。ところがそういう大学院に限って実はアカデミックな研究業績も乏しいといったことが少なくないから、大学とはまことに厄介なところである。

3　専門職大学院が必要とされる理由

〈学外の実務家教員の活用〉

そうした大学の実態に対する反省もあって、二〇〇三（平成一五）年度に創設されたのが専門職大学院という制度である。専門職大学院は「大学院のうち、学術の理論および応用を教授研究し、高度の専門性が求められる職業を担うための深い学識および卓越した能力を培う」ことを目的としており、そのため、教授陣には一定割合以上の学外の実務経験者を採用することが義務づけられている。

どのような専門職大学院が設置されているかというと、二〇〇九（平成二一）年現在で、法科大学院が七四研究科ともっとも多く、そのほか、ビジネス分野が三一研究科、会計分野が一七研究科、公共政策分野が八研究科、公衆衛生分野が三研究科、知的財産分野が二研究科、臨床心理分野が五研究科、その他の分野が一五研究科となっているほか、前年に発足したばかりの教職大学院が二四研究科開校されている。

こうした専門職大学院は、いずれも少人数教育を基本とし、双方向・多方向に行われる討論や質疑応答、事例研究、現地調査等により実践的な教育を行うこととしているところに特色がある。修業年限は法科大学院の場合だけは、法学部出身者の既修コースは二年、法学部出身者以外の未修コースは三年となっているが、それ以外はすべて二年である。実務家教員の数は法科大学院では全体の二割以上、教職大学院では四割以上、それ以外の大学院では三割以上とされている。また専門職大学院は、五年以内ごとにそれぞれの分野における認証評価機関の評価を受けなければならないことになっている。

専門職大学院の学生数は、二〇〇八(平成二〇)年度で約二万三千人である。専門職大学院以外の旧来の修士課程には一六万五千人の学生が在籍しているから、それと比べるとはるかに少ない。しかし旧来の修士課程においては理工系分野が圧倒的に多く、人文学・社会科学系では約三万人に過ぎない。これに対して、専門職大学院の場合はほとんどすべてが人文学・社会科学系である。こうしたことを考えると、専門職大学院は、すでにかなりの規模に達しているとも言える。今後は、専門職大学院が、修士レベルでの主として文系の高度専門職養成機関として主要な役割を果たしていくことになるだろう。

〈アメリカのプロフェッショナルスクールとの違い〉

アメリカで言えば、これらはアカデミックな大学院教育とは別の、プロフェッショナルスクールと呼ばれる実務家養成を目的とした大学院である。一般的には、プロフェッショナルスクールは、社会人経験者の学生が圧倒的に多く、大学の中でも独立性が強い。こうした大学院の経営責任者は、日頃から学内よりは学外の専門職業分野の動向に注目し、常に現場のニーズを強く意識しながら、専門教育の効果を高めるためのカリキュラム改善の努力を怠らない。アメリカの大学では、法学、医学、ビジネス、行政、教育などの分野の実務家を養成するプロフェッショナルスクールが大学院レベルで数多く設けられている。

ただし、アメリカのプロフェッショナルスクールでは、日本と違って、教授陣で実務経験者に大きく頼るような教育はしていない。そもそも学生のほとんどが社会人経験者であれば、なおさら、単に実務の知識や経験が豊富であるというだけでは大学教授は務まらない。社会の現実を学問的に研究し、体系的な知識を身に付けた教授でなければ、専門職として必要とされる高度の知識やスキルを体系的に教えることはできないのだ。

これに比べると、日本では安易に実務経験者に頼り過ぎる傾向も見受けられる。実務上必要な知識を教えるだけでは職業学校と大差ないことになってしまう。現場での経験知をどのように学問的に体系化して学生に伝えるかというところに大学教育としての重要な役割がある。このことの重要性がもっと認識されなければならない。しかしそれ以上に大きな問題は、日本の大学教授は、大学という狭い世界しか経験していない人が多く、欧米の理論や文献を頼りにすることはあっても、自ら現実の社会の諸問題に目を向けることをあまりしてこなかったため、アメリカと違って、実務の専門職を育てるための知識と教育力を備えた教員が育ってこなかったという現実のほうである。

そうだとすれば、せっかく実務経験者を活用するからには、単に特定の授業科目を担当させるだけでなく、彼らとの交流を通じて、アカデミズムの世界しか経験していない教員たちの資質向上に結び付けていくことも重要なことであろう。

〈専門職大学院の拡大〉

専門職大学院が必要な分野はまだほかにもあるにちがいない。たとえば、日本のジャーナリズムの質が低いことはよく指摘される。日本語という壁に守られて、世界の現場を直接取材せずに外国通信社のニュースをもとにして国内向けの記事を書いているだけの翻訳記者では困る。官庁の記者クラブで官僚から配布された資料に基づいて記事を書くだけの御用記者も問題だ。政治家にまとわりついて次元の低い質問を繰り返す番記者は政治の質を低下させる時代遅れの存在だ。自ら専門知識を持って取材し、国際感覚のあるプロとして活躍できる自立したジャーナリストを育てないと、政治もますます悪くなるし、日本の国際的な地位も低下する一方だ。そのようなジャーナリストを養成するには、そのための特別の教育プログラムが必要になってくる。それには学部では幅広く勉強し、そのうえで専門の大学院で深く学べるようにすることが望ましい。そのためにも専門職大学院が必要になってくる。

医師についても、現在は六年制の学部教育で養成されているが、薬剤師や看護師など他の職種の高学歴化が進んでいる今日、果たして学部段階だけで医師を養成するという制度でよいのかどうか。また高校卒業の段階で医学部を選択させる制度がよいのかどうか。さまざまな視点から現状を見直す必要があると思われる。

いずれにしても、あらゆる分野で高度の専門知識が求められる時代を迎えている今日、大学の学部教育だけでは、高度化し複雑化した社会の舵取りができなくなっていることは明らかである。それだけに、今後は、専門職大学院を通じた高度な実務家養成機能を充実強化することが当面の重要な課題となってくる。それと並行して、旧来の修士課程については、卒業生の活躍状況なども踏まえて目的を明確化し、内容の抜本的な見直しを図る必要があるだろう。

4　時代遅れになった「学部」概念

〈学部改革を阻む大学人の専門意識〉

高度専門職を育成するのは大学院の役割だが、しかしいくら大学院の教育を充実したとしても、それだけでは十分とは言えない。その前段階の学部教育との関係をどのようにするかということが問題になってくる。

大学院で専門を深く勉強するのであれば、学部の教育内容をもう一度検討し直す必要がある。なぜなら、学部が現状のままでは、いくら大学院を強化してもますます視野の狭い専門家、つまり「新しい野蛮人」を生み出すことにしかならないからである。そうはならないよう、学部では広い専門の基礎と教養を重視した教育を行う必要があるのだ。

その意味でも、学部の改革が重要な課題となってくるが、それを阻むのが大学人の専門意識である。現在の学部教育は、理工系を別にすれば、基本的に専門教育の最終段階であるかのように意識されている。したがって、自分の専門分野のことしか眼中にない教員は、専門分野の基礎も高度な内容も一緒にしてすべてを教えなければならないと思い込んでしまう。それどころか、そのためには教養科目を減らさなければならないと主張する者まで現れてくる。それほど大学教員の専門意識は強いのだ。

歴史を振り返ると、戦後の新制大学制度においては、旧制高校を母体にした文理学部や、旧制師範学校を母体にした学芸学部などが設置され、それらはいわば新しいリベラルアーツカレッジとして発展していくことが期待されていた。にもかかわらず現実には、大学の当事者たちにはそのような意識が希薄であり、むしろ文理学部はいずれ文系学部と理系学部に分離したいと考えていたし、学芸学部は結局、教育学部としてもとの教員養成機関に逆戻りしてしまった。専門教育を中心とした学部という概念は、それほどまでに根強く定着していたということである。

〈現実に合わない「研究と教育の統合」理念〉

元来、法学部、経済学部、文学部、理学部、工学部、医学部などの伝統的な学部やその学科は、学問の専門分化を基盤とした「研究と教育の統合」という一九世紀的な「フンボルト理念」に基づいてつくられたものである。ということは、この組織体制がうまく機能するためには、学部教員の研究分野と学生の教育分野とが一致していなければならないということになる。

たしかに、ヨーロッパの伝統的な大学や、それをモデルにした戦前の日本の大学においてはそういう実体が存在した。しかし今日の大学の学部はそのような状況にはない。学部においては専門教育だけでなく教養教育も行わなければならないし、特定の学問分野を超えた学際的な教育を目的とする学部もたくさん誕生している、教員の研究を基盤にして専門分野の教育を行うことを前提にした戦前型の学部教育組織は、とうの昔に破綻しているのである。だからこそ一九七三（昭和四八）年に創設された筑波大学においては、学部という組織に代わって、新たに教員の所属する研究組織と、学生の教育のための組織とが別々に設けられたのであった。

さらに、研究と教育の統合が成り立つためには、学部が教育の最終段階でなければならない。ところが、今日では、高度の専門教育は大学院に移行しており、中には教員の籍を学部から大学院に移すような大学も出てきている。そうした流れの中で、九州大学の大学院では、学生の所属する組織は学府と称し、教員の所属する組織は学院と称することにした。そうなると、学部段階における「研究と教育の統合」という理念は、ますます実体とはかけ離れたものになっていかざるをえない。

しかしだからといって、大学の教育が研究活動と完全に切り離されて成り立ちうると考えるのは間違いであろう。学部レベルの教育においては、単なる講義による知識の伝達だけでなく、学生が積極的に参加する調査や実験を基礎にした課題探求・問題解決型の学習や、それまでの学習の総仕上げとしての卒業研究などが極めて重要であることは論を俟たない。そして、そのためには、教員自身の研究体験に基づく適切な指導と助言が不可欠な要素となってくる。しかしそれは伝統的な「研究と教育の統合」理念とは別のものである。

さらに、また別の理由からも、専門に分化した学部組織では大学の現状に合わなくなってきている。現在日本の大学のうち約八割が大学院を開設しているが、その中には有名無実のお飾り的な大学院も少なくない。したがって、実態を見れば、それらの大学も含めて、大学院とはほとんど縁のない学部教育を中心にした大学が圧倒的に多いのである。

そのような大衆化した大学では、将来の進路を決めていないごく一般的な学生が大部分を占めている。彼らのニーズに応えるには、狭い専門分野の学問ではなく、幅広い専門の基礎と教養を身に付けさせる教育か、あるいはもっと実用主義に徹した職業教育を行うことが必要になってくると考えられる。そのような教育を行う学部は、もはや研究と教育の統合などという概念とは無縁の世界と言ってもよいだろう。

このように今日の日本の大学においては、どこから見ても伝統的な学部概念が成立する基盤は完全に失われている。そうであれば、研究と一体化した高度の学問を行うのは大学院と割り切り、学部段階では「幅広い専門の基礎と教養教育」を中心にした新しい教育課程の在り方を模索していかなければならない。そうしない限り、専門職大学院も期待されるような成果を挙げられないことになってしまう。

〈「学部」教育から「学士課程」教育へ〉

結論としては、大学の重要な使命である教養ある良き社会人の養成という観点からも、あるいは専門職の養成という観点からも、これまでの学部の概念を捨てて、幅広い学士課程としての教育を行う組織にする必要があるということになる。

その場合、従来の学問領域別に設けられた学部の教育の中に教養教育科目をはめ込むだけでは問題の解決にはならない。教養教育科目をどうするかではなく、あくまでも四年一貫の学部教育をどう構築するかという視点が必要である。言い換えれば、四年間で学生たちにどのような知識や能力を身に付けさせるかという到達目標を、大学として明確に示す必要があるのだ。目標が明確でないまま評価活動に力を入れてみたところで、それはほとんど効果がなく、時間と労力の浪費になってしまう。

こうした視点から学部教育を見直す際には、「学部」という名称についても考え直す必要が出てくるだろう。なぜなら、前述のとおり、「学部」とは元来、専門分化を前提にした研究と教育の統合という理念に基づいた古い概念だからである。高度の専門教育を大学院に移すのであれば、その前段階の教育はもはや「学部」教育と呼ぶには相応しくない。こうした考えに立って近年使用されるようになってきたのが「学士課程」教育という表現である。

いずれにしても時代遅れとなった学部教育の体系を抜本的に見直さなければならない。それは大学院の改革以上に難しいかもしれない。なぜなら学部こそは、日本の大学制度の根幹を担っている組織だからである。しかし、この問題を避けていたのでは、大学院の充実も望めない。大学院における高度専門職育成を成功させるためには、学部段階の教育をどうするかという難題を解決しなければならないのである。

3　専門職大学院を活かせるか

1　法科大学院の問題点

〈過当競争と定員割れ〉

専門職大学院の発足は専門職養成のための教育体制を大きく変えるものだったが、まだ発足して間もないこともあり、この制度はさまざまな問題点を抱えている。特に法科大学院の抱える問題は深刻である。

法科大学院は司法試験制度改革の一環として二〇〇四（平成一六）年に発足した。それまで毎年五〇〇人程度だった司法試験合格者数を増やし、二〇一〇（平成二二）年までに三千人に引き上げるというのが政府の方針であった。この方針に沿って、そのための専門教育機関として構想されたのが法科大学院である。

文部科学省はそのために、専門職大学院という新しい制度を創設することにした。すると、法学部を持つ多くの大学がこれを大学経営上のチャンスとばかり法科大学院の設置に向けて突っ走ることになった。

その結果、二〇〇四（平成一六）年に六八校、二〇〇五（平成一七）年に六校と、予想を上回る数の法科大学院が開校し、総定員は五七九五人に膨らんでしまった。そのため二〇〇六（平成一八）年度から始まった新司法試験の合格率は、当初想定していた七−八割を大きく下回って、四八％、四〇％、三三％と年々低下してしまい、二〇〇九（平成二一）年度には二七・六％にまで落ち込んでしまった。

せっかく法科大学院に進学しても司法試験に合格できないとなれば、次には受験生から敬遠されてしまうことになる。その結果、二〇〇九（平成二一）年度においては、七四校のうち八割の五九校が定員割れを起こし、うち一五校は定員の半分をも満たすことができなかった。今後は各法科大学院とも定員の削減を迫られることになるが、中には閉鎖に追い込まれるところも出てきている。

〈**受験予備校化**〉

そうした中、さらに憂慮すべき事態が生じている。それは、各法科大学院とも受験指導に力を入れる傾向が強まっていることである。法科大学院の本来の目的は、学部では幅広く勉強し、大学院ではさまざまな背景を持った学生が切磋琢磨することにより、広い視野から物事を判断できる法曹家を育てようというところにあった。だが、現実には、学生を確保するためには司法試験の合格率を上げなければならない。

この厳しい状況の中で、個々の大学院としては受験指導の強化という道を選択せざるをえないのであろうが、そのようなことを続けていると、当初掲げたような、広い視野を持った人間味あふれる人材を養成するという理念からはますますかけ離れてしまう。これでは法科大学院制度の自殺行為にも等しい。

それだけではない。法科大学院のねらいは、法学部以外の学生や社会人経験者にも広く門戸を開こうとするものでもあった。しかし実際には、入学者の大部分は法学部出身者である。それならば法学部の教育が大きく変わらなければならないはずだ。法学だけでなく、政治学、経済学、社会学などの社会科学全般にわたって広く学べるようにする必要があるし、哲学や歴史学の知識も必要になってくる。そのうえで、法律について多少深く専門的に学べるようにしておけばよいのだ。そのような教育を行うためには、必ずしも法学部である必要はない。教養教育中心のカリキュラムの中でいくつかの専攻分野を深く学べるような仕組みにしておけばよいのである。

ところが、東京大学など一部の大学が入学定員を減らしはしたものの、法科大学院ができたからといって、法学部の教育内容がこれまでと変わったわけではない。もちろん法学部を廃止した大学もない。しかもその実態を見れば、大学の授業には出ないでもっぱら法科大学院の受験予備校に通う学生が多いのだ。これではせっかくの改革も、結果としては司法試験のための受験勉強の期間が延びただけということになりかねない。

〈制度設計の責任体制〉

日本と同様の司法制度を有する韓国でも法科大学院制度が発足した。だが、韓国では政府が法科大学院の数や定員を厳しく管理している。そのため司法試験合格率は高い。また韓国政府は、法科大学院を設置する大学の法学部は廃止するという方針も決めた。日韓両国の間に見られるこの違いは何に由来するのであろうか。

いずれにしても、法科大学院をめぐる現状を放置してよいわけはない。どうすればこの問題を解決できるのか。法科大学院の経営を擁護するため、できるだけ定員を減らさないで、入学してきた学生を犠牲にするのか。それとも思い切った定員削減に踏み切るのか。司法試験の予備校に徹して教育の質を低下させるのか。それとも当初の理念を大事にした教育を貫くのか。さらには司法試験の内容・方法の改善にまで踏み込むのか。ここ数年間の政府および各法科大学院の対応が、法科大学院の将来を大きく左右することになるだろう。

基本的には、受験勉強の結果として立派な法曹人が育つことになるような試験内容にすることが重要な課題であろう。受験生の多面的な能力を測定したり、点数だけに頼らず総合的に判定したりするなど、もっと手間暇かけた試験を実施すべきではないか。ただし、その場合、合否の判定は難しい。公平性や客観性にこだわると試験内容の改善は困難だし、内容を改善しようとすれば、主観的判断を排除することはできなくなる。

しかし、客観性とはそれ自体が一定の価値判断であり、客観性を根拠に点数主義を擁護するのは一種の逃げでもある。それよりは優れた人物が合格できるような試験を実施し、その判定結果については出題者側が責任を持つということにしなければならない。それは決して容易なことではないが、そこまで踏み込まなければ、小手先の受験勉強が幅を利かす現状を変えることは難しいであろう。出題者側の問題意識と責任とが試されている。

2　教職大学院の問題点

〈教員養成制度の問題点〉

教職大学院にも問題が多い。まだ開設されて日が浅いせいもあろうが、志願者が定員を下回っている。現状では教職大学院で勉強することのメリットがあまり感じられないことが、その一番大きな理由であろう。現職教員の質の向上を目的とするのであれば、教育内容に新規性を持たせ、かつそこで学ぶことが将来のキャリアにプラスになるような制度にしなければならない。それができない限り、質の高い学生を確保することは難しい。だが、問題はそれだけではない。

諸外国では教員養成は学部から大学院へと移行しているのに対して、日本では相変わらず学部レベルで終わっている。この違いは大きい。問題は単なる教育期間の長短にあるのではない。その間に身に付ける学問の幅や深さ、教員としての専門的な指導能力、交友関係や人生経験の豊かさなどがもたらす違いが大きいのだ。

日本の場合は、教員になるかどうかの選択は高校を卒業する段階で決めるのが一般的だ。教員養成の中核的機関である教員養成系の大学や学部に入ると、周りはみな同じように教員志望の学生ばかりだ。そのような同質性の高い環境下で教員を養成する制度がよいのかどうか。

現在の教育学部は、もともと戦後の改革によって、教員養成は一般の大学教育を通じて行うという考え方に基づき、旧制師範学校を母体に学芸学部などとして設置されたものである。そこで目指したのは教養教育であった。だがそうした理念とは裏腹に、実際の教育は元の師範学校体制を引きずったままで実施され、そのうちに名称も教育学部と変えて教員養成機関に逆戻りしてしまった。しかしその後、教員採用の減少によって教員免許取得を目的としない新しい課程も誕生し、近年は名称変更も含めてリベラルアーツ的な学部に変わりつつあるようにも見える。

そこで大きな問題は、教員養成を担当する大学の教員の資質である。教員養成系大学の教員は、専門分野の学問の理論には詳しいかもしれないが、学校現場での教職経験がほとんどない。そのため学生に対して授業のやり方を実践して教えることができないのだ。これでは車の運転ができない自動車教習所教官から運転の仕方を教わるようなものだ。こうした現状を考えると、学校の教員の指導力不足というのは、教員個々人の問題というよりは、むしろ教員養成の体制に起因する問題のようにも思えてくる。

さらに採用後においても、通常の企業であれば先輩に教わりながら一人前の企業人に育っていくが、教員の世界にはそのような新人を育てる体制ができていない。仕事を通じてプロの教員として成長していけるよう仕組みを確立することが重要な課題ではないだろうか。

〈教職大学院の位置づけの明確化〉

そうした視点に立つならば、一部の現職教員を集めて大学院で実践的な指導力を鍛えるという発想自体があまり意味のないもののように思われる。もう一度初心に立ち返って、教員養成の基本方針を明確にすることから始める必要がある。

すなわち、どのレベルで教員養成を行うのか。仮に学部レベルで養成するとすれば、現行どおりの四年制の教育学部でいくのか、それとも医師・薬剤師のように六年制の教員養成課程を設けるのか。あるいは、仮に大学院レベルで養成するとすれば、学士課程の位置づけをどうするのか。教養教育を主体にするのか、はじめから教員養成教育を主体にするのか、それとも両方を組み合わせるのか。また一般の大学で教職課程の科目をとれば教員免許を取得できるという、いわゆる「開放制」の位置づけをどうするのか。大学院の教育目的は教育指導能力を高めるためか、それともマネジメント能力を身に付けるためか。大学院へは学部終了後に直ちに進学するのか、それとも現場経験を積んだうえで進学することにするのか。こうした基本的な問題について、幅広い立場からの意見も求めながら、きちんと議論して方針を打ち出す必要があるだろう。

こうした問題とは別に、どうすれば優秀な高校生を教職の道に進ませることができるかということも検討しなければならない。そのためには、学校現場の教員が授業よりも事務的業務に追われて多忙を極めているような状況を改善する必要がある。そうした多角的な検討を避けたまま、いくら教職大学院の学生集めに力を入れてみても、日本の学校教員の指導力の向上に結び付くとは思えないのである。

3　専門職大学院の充実策

〈教育目標の明確化〉

修士課程レベルの専門家養成として専門職大学院の果たす役割が大きいとなると、当面の重要課題は、その教育内容の充実を図ることである。

大学としては、専門職大学院での教育が実際に役に立つということを関係者に納得させる必要がある。社会に対して、修士号取得者を優遇するメリットがあることを示す必要がある。そのためには、大学側が本腰を入れて教育内容の充実に取り組まなければならないだろう。

専門職大学院の中でも特に目的が明確で、体系的なカリキュラムに沿った授業が行われているはずの法科大学院にしても、すでに述べたように、当初の理念とかけ離れて、司法試験のための予備校的な色彩が強まることが懸念されている。そうはならないよう教育内容の充実を図り、大学には高度の実務専門職を育てる能力があるのだということを示さなければならない。

そのためにまず重要なのは、やはり教育の目標を明確にすることである。まず、どういう人材を育成するのかを明確に示す必要がある。次に、その目標を達成するために必要な体系的なカリキュラムを編成し、担当の教員を配置することである。まず目的、次にカリキュラム、そして教員、この順序が大事なのだ。そのような発想をすることで、改善に向けて必要となる客観的な評価を行うことも可能になってくる。ところが、大学の内部だけで構想を練ると、ともすればこの順序が逆になりがちである。そうならないよう、将来の就職先と想定される職能分野の代表者をも交えて、効果的な教育プログラムを策定する必要がある。

もちろん、プロフェッショナルスクールの本場であるアメリカに学ぶことも多いだろうが、何でも真似をすればよいというわけではない。グローバルな通用性を重視しながらも、日本の大学には日本ならではの独自の教育内容を開発していく努力が必要だ。たとえば、一橋大学の大学院国際企業戦略研究科は、学生の八割が外国人留学生という国際色豊かな経営学の専門職大学院だが、ここでは株主よりも従業員や顧客を大事にする日本企業の経営を教える「ナレッジマネジメント」という授業科目を開設するなどして、アメリカのビジネススクールとは違った特徴を打ち出している。

こうした点に関しては、法科大学院の場合は日本弁護士連合会と緊密な協力関係を保っているからよいが、他の専門職大学院の場合はそれらと直結する専門的な職能団体がほとんど存在しない。そのため、卒業生が活躍する分野のニーズを十分に取り入れて基本的なコア・カリキュラムを編成することが難しくなってくる。この問題については、次節に述べるように、社会の側の受け皿を整備することと並行して改善を進めていく以外に解決の方法はなさそうだ。

さらに、入学段階で多様な学生を確保し、競争的環境の中で質の高い教育を実施することが重要であることは言うまでもない。そのためには大学院の入学者選抜を厳しくする必要がある。学部を卒業したけれど就職できなかったからという理由で大学院に残られては困るのだ。入学定員を増やしてしまったのでとりあえず数を満たさなければならないといった安易な考えも、結局は自分の首を絞めるのと同じことになる。学生たちの間に適度な緊張感と健全な競争意識を持たせるためには、実力主義に基づいて他大学の出身者の受け入れを増やすことも重要であろう。

〈カリキュラムの充実〉

そのうえで各大学院においては、積極的なカリキュラムの改善と、優れた教員の育成・採用、授業方法の改善を進めていくことが重要になってくる。学生の成績を厳正に評価することも重要な課題となる。高度専門職の養成を目的とするからには、常に教育内容を見直し、評価し、社会のニーズに応えられるものにしていかなければならない。そうした厳しい質の評価に耐えられるものについては国費を投じてもよいが、一定の水準に達しないものについては、国立であれば政府の責任で廃止すべきだし、私立であれば、政府の公的助成の対象から除外すべきであろう。

いずれにしても、専門職養成のプログラムについては、教育内容の厳しい評価と改善策の検討を進め、さらに受験者数、合格者数、入学者数、修了者の進路状況などに関する情報を公開していくことが重要である。その点では認証評価制度をはじめ、さまざまな外部機関による評価が重要な役割を果たすことになるだろう。

以上、高度専門職業人養成を目的とした修士課程について述べてきたが、それ以外の旧来の修士課程の場合はもっと深刻な問題を抱えている。旧来の修士課程とは、つまり、何となく研究者養成を目的としているような修士課程、あるいは専門職業人を養成するとは言いながら実際にはそれに見合った内容を備えていない修士課程のことである。

人文学・社会科学分野においては特にこの種の修士課程が多い。そのため、せっかく修士号を取得しても就職先が見つからないといった問題も生じている。もともと研究者養成のために数を増やす必要はなかったのだから、専門職養成を目的としない修士課程については、今後は規模を縮小するなり教育内容を改善するなりの思い切った措置が必要となってくるであろう。仮に高度専門職業人の養成を目的とするのであれば、中途半端な内容の修士課程ではなく、しっかりした中身を伴った専門職大学院に徹するほうが真っ当なやり方と言える。

4　日本の社会は専門家を活用できるか

〈専門家を活用していない企業や官庁〉

大学院がどんなに優れた専門家を育成したところで、彼らが自分の能力を活かして活躍できる場が確保されなければ意味がない。社会のほうに修士課程で養成された専門性の高い人材を有効に活用する体制が整っていなければ、大学院教育そのものが成り立たないことになる。果たして日本の社会は専門家を活用できているだろうか。

民間企業においては、これまでは、入社してからのオンザジョブトレーニングで必要な専門家を養成してきた。しかし、今日の企業は若者を育てる機能を失っている。職場においてもいきなり個人の能力が問われる時代になりつつある。そのような変化にきちんと対応しようとせず、いつまでも学部卒の学士だけに頼ることを続けていると、日本のホワイトカラーの生産性はますます低下してしまうだろう。

企業といっても、もはやかつてのような重厚長大の大企業を中心にして日本の経済が動く時代ではなくなりつつある。それに代わって情報産業や外資系などの新しい企業が増えている。そうした企業を支えているのは個人の専門能力である。その中には外国人も少なくない。そういうビジネス環境の下で活躍することを期待される専門家は必ず増えていくであろう。

その中で大きな問題と思われるのは、公務員の専門能力である。現状では、国家公務員になるには学部卒で十分であって、修士や博士の学位は要求されていない。将来幹部職員となる公務員でも同様である。学士だけで十分だとすれば、何もわざわざお金と時間をかけて大学院で勉強する必要はないということになる。このままでは、日本の国家公務員はいつまでも低学歴の素人集団であり続けることになってしまうのではないか。それでは日本の将来が不安である。

日本では、立法・行政における政策立案・決定の過程において、専門家があまり活躍していない。長い間続いてきた自民党政権下での政官一体となった行政の下では、官僚組織の中でも幹部に昇進するのは、専門性の高い人物よりは、どちらかと言えば政治性の高い人物のほうが多くなる傾向があった。

そもそも官僚はそれほど高い専門性を備えているわけではない。だからこそ、重要な問題については、必要に応じて審議会をはじめとするさまざまな委員会で、外部の委員の意見を聴きながら方針をとりまとめる。このことは、見方によっては外の専門家を活用しているということにもなるが、実際には、審議会委員の中には、その道の専門家の数はそれほど多くはない。それに対して目立つのは利害関係者やマスメディアの代表、あるいはまったくの素人である。しかも、このような場では、責任ある立場の人はあまり発言せず、責任をとる必要のない人たちばかりが委員として発言する。そして最後は、役人の書いた筋書きに沿って報告書のとりまとめが行われるというのが一般的なパターンである。

これまでも「隠れ蓑」と言われてきた審議会ではあるが、このような意思決定体制はどちらかというと無責任体制に近い。それよりも、まず官僚自身の専門性を高めることが重要だし、そのうえで、たとえば、幅広い専門的識見をもった人材を一定期間だけ正規の職員として任用したり、見識ある専門家から構成される委員会を設けたりするなどして、政策立案の能力を高めるべきであろう。

〈修士・博士は国際社会の常識〉

世界に目を向けると、国際機関などで仕事をする場合は、最低でも修士の学位を取得していることが要求され、できれば博士を取得していることが望ましいとされる。学士だけでは国際的な舞台で活躍する機会すら与えられないのだ。そのような時代に日本が人材力を通じて国力に見合った役割を果たしていくには、大学院教育の拡充がどうしても必要になる。それには、博士課程の充実も必要だが、少なくとも、特に文系においては、修士課程での高度専門職育成の機能を充実することが重要な課題となる。

しかし、前に述べたように、大学院教育の充実は、大学側の努力だけでは達成できない。大学教育の成果を社会で活用する仕組みをつくらなければならない。社会の側が、高度な専門職を十分に活用する体制を整えることが要求されるのだ。その点で、企業側の責任は重いと言わなければならない。優秀な学生が専門職大学院に進学できるよう、たとえば卒業後の就職の際の処遇を改善したり、あるいは現職の社員を派遣したりすることを検討する必要がある。

〈修士を国家公務員の基礎資格に〉

日本が低学歴社会から一歩踏み出すためには、少なくとも高度な専門職である国家公務員については修士号の取得を基礎資格要件とする必要があるだろう。ぜひ政府において検討してほしいと思う。大学改革を担当している文部科学省の職員が大学院をまったく経験していないようでは、改革を議論しても隔靴掻痒の感をまぬがれない。

日本の官庁には若手職員を対象とする海外研修制度がある。二年間にわたり費用の全額を政府が負担して、海外の大学院修士課程で学ぶ機会を与えられる制度で、すでに四〇年以上の実績がある。この制度が存在したおかげで、諸外国の事情に明るい人材が中央官庁に増えただけでなく、日本の国際化が進展しつつあった時代に官僚が語学力を高め、国際感覚を養うことを可能にしたのだ。私もかつてその恩恵にあずかった一人として、実にありがたい制度だった。だがこの制度は、あくまでも国家公務員が学士号しかもたず、海外経験もなかった時代に、しかも終身雇用制の下でのみ機能する制度であった。

近年は、この制度によって海外で経営学修士（ＭＢＡ）などを取得した後、公務員を辞めて民間会社に転職する人が増えている。入省する前から海外留学の経験があり外国語にも堪能な公務員も少なくはない。そのうちに法科大学院の卒業生で公務員になる者も出てくるだろう。こうした時代の変化を考えると、学部卒を前提とした現行の海外研修制度は大きな曲がり角に来ているように思われる。

仮に国家公務員試験の受験資格が修士号取得者ということになれば、現行の海外研修制度の運用を見直して、より効果的な研修制度に切り替えることもできるだろう。たとえば公務員採用後の研修としては一年程度の実践的な研修、あるいはより短期のエグゼクティブコースを中心とするなど、新しい時代のニーズに応じたさまざまな工夫が可能になる。公務員の基礎資格要件を修士にして公務員の専門性を高めることは、国の行政能力を向上させるうえでも必要となる時代的要請と言えるのではないか。

Ⅳ　大学は知見の創造者を育成しているか

1　タコつぼ化した大学院教育

1　日本の博士は「狭士」（せまし）ではないか

〈独創的な研究者とは〉

大学における学術研究は、人文学・社会科学から自然科学までのあらゆる学問分野にわたっている。それはまた、研究者の自由な発想と自主的な研究意欲を源泉として展開されるという特徴を有している。しかもその成果は人類の知的共有財産としてそれ自体が優れた文化的価値を有するだけでなく、それを応用することによって国民生活を豊かにする役割も果たしている。今日ますます深刻化しつつある環境問題やエネルギー・資源問題などの地球的規模の諸問題を解決し、人類の未来を切り拓いていくうえでも、大学に期待される役割は大きい。

そのような研究を推進するためには、ヒト、モノ、カネが必要だと言われるが、このうち、モノを研究施設や設備ととらえるならば、それもお金で買えることになるので、最終的には、人と予算が重要な要素になると考えてよいだろう。

予算に関しては、国立大学法人運営費交付金が毎年減額されている半面、科学研究費補助金をはじめとする競争的資金が拡充されてきており、全体としては、資金不足のために重要な研究ができないという状況ではなくなりつつある。問題は、国立大学法人運営費交付金の減額のあおりを受けて、大学で一定水準の教育研究体制を維持するための基盤的な経費を捻出できないことだ。

競争的資金は個々の研究者の研究を支える資金として重要ではあるが、それだけでは大学の研究体制を維持することはできない。大学としての最低レベルの研究環境を確保するための予算措置が必要である。昨今の国の財政事情を考えると容易なことではないにしても、文部科学省として、競争的資金さえ増やせばよいといった安易な妥協をすべきではない。

しかしより重要な問題は、予算よりも人のほうである。これからの日本に必要な独創的な研究を支える若手の研究者が育っているかどうかという問題である。これはお金だけで解決できる問題ではない。大学における学術研究は、日本だけでなく世界の発展にも大きく貢献するものである。そのような時代に日本にとって必要なのは、新しい分野に挑戦し、イノベーションの担い手となりうるような創造的で自立した研究者を増やすことである。

果たして日本の大学ではこのような研究者が育成されているのだろうか。近年、日本人のノーベル賞受賞者が増えてきてはいる。とはいえ、科学分野の受賞者は物理学で湯川、朝永、江崎、小柴、小林、益川の各博士、化学で福井、白川、野依、田中、下村の各博士、生理学・医学で利根川博士と、計一二名（物理学の南部博士はアメリカ国籍）だけだ。

創造的で自立した研究者としては、具体的にはどんな研究者像を描いたらよいのか。ノーベル物理学賞を受賞した江崎玲於奈博士は、「ノーベル賞をとるための五箇条」として次の五点を挙げている。

・しがらみに囚われてはいけない
・大先生を尊敬するのはよいが、のめり込んではいけない
・自分に無用なものを抱え込んではいけない
・戦うことを避けてはいけない
・好奇心と初々しい感性を失ってはいけない

どれも納得できることだが、ではどうすればそのような研究者が育つだろうかと考えると、答えはなかなか難しい。このような資質や態度は、本人の生まれながらの性格による部分も多いような気もする。

ノーベル賞受賞者の中には、はじめから誰の指導も受けずに自分一人で自由に研究を進めることで独創的な業績を生み出すような天才肌の人が少なくない。そういう並はずれた研究者を育てることは、とても大学の力の及ぶところではない。大学としてできることは、そうした天才の才能をいかにして

つぶさないようにするかということぐらいでしかない。

本書で問題にするのは、そういう天才的な研究者ではなく、大学の教育によって優れた研究者として育っていくことが期待される学生たちのことである。

〈「狭士」を生み出す博士課程〉

研究者を育成しているのは、言うまでもなく大学院の博士課程である。大学院については、すでに、高度専門職の養成を担うべき修士課程の教育に大きな問題が存在することを指摘した。では研究者養成の機能を担う博士課程はどうなっているのだろうか。創造的で自立した研究者が育っていると言えるのだろうか。

研究者に必要な重要な能力とは何か。それは、ある分野について広い知識を持って、そのうえで自ら課題を設定することができ、それを深く研究して解決することのできる能力を備えていることである。そうした能力を育てることが、博士課程の目的でなければならない。

ところが、日本の大学院においては、研究の専門分化が進展する中で、学生の関心がますます狭い範囲の専門領域へと入り込んでいく傾向が強い。これでは、せっかく博士の学位を取得しても、大学を一歩出ると研究者として通用しないことになる。「自分はこのテーマにしか関心がありません」などという人に来られたのでは、企業としても困ってしまうだろう。若い時からあまりに狭い世界に入り込んでしまうと、将来ひとつの研究に行き詰った時に他のテーマに方向転換することもできなくなる。

科学における専門の細分化という現象は、今に始まったことではない。むしろ、科学は細分化することにより発展してきた。したがって、研究者としては、より狭い範囲の専門分野に特化して研究を進めていかざるをえない宿命を負っているとも言える。だがそれにしても日本の場合はそれがあまりにも極端過ぎることが指摘されているのだ。

この現状を評して、かつて東京工業大学教授だった市川惇信氏は「日本の博士課程が生み出しているものは博士ではなく狭士（せまし）である」と指摘した。私がそれを耳にしたのは今から二〇数年も前のことである。おそらく事態は当時よりもさらに深刻になっているはずだ。

市川氏は、さらに『科学が進化する五つの条件』において、研究組織において優れた研究成果を挙げるには、以下の五点を重視した管理運営をしなければならないことを指摘している。

・広い領域で優秀な研究者を採用する
・異なる背景の研究者を集める
・研究者に明確なビジョンを与える
・研究者に自由に発想させる
・相互に刺激しあうよい雰囲気を維持する

これを裏返して言えば、優れた研究者に求められる資質とは、自分自身が広い知識を持っていると同時に、異分野の研究者との交流の中で互いに切磋琢磨しあえるような人間的な幅の広さと柔軟性を備えていることであろう。

最近の学生については、「頭がいい」という評判をよく聞くし、どんな仕事でも指示したとおりにこなす能力があるという評価も聞く。だが頭が良いというだけでは一人前の研究者にはなれない。自分で研究企画書も書き、発表もし、研究チームをとりまとめていく能力も身に付けていなければならないのだ。しかし日本の大学院教育の現状は、残念ながらそのような研究者養成に対する期待に応えるものにはなっていない。企業側からは、博士号の取得者には、コミュニケーション力、協調性、業務遂行能力などの点で問題があるといった指摘がなされることが多い。そのような厳しい評価の中にも日本の博士課程教育の抱える問題点が見えてくる。

2　研究室制度の弊害

〈指導教員の縮小再生産〉

優れた研究者は、自分の専門領域に関する深い知識と同時に、その周辺領域も含めた幅広い学問の裾野に関する知識も身に付けていなければならない。さらにそれが人間としての深い教養に支えられていなければならない。学問を幅広く俯瞰できるような研究者でなければ、将来大学教授となった時に学生を指導することができないことになる。

だが日本の博士の視野が狭い。なぜそうなるのか。それにはいろいろな理由があるだろうが、最大の問題は、研究室を中心とした徒弟制度的な教育研究体制にある。

日本の大学院においては、学生ははじめから研究室の一員となり、指導教員の手足となって下働きをしながら、狭い範囲の研究テーマを選んで論文作成の指導を受ける。教室でのきちんとした授業はほとんどないに等しい。あっても、一定の目的に沿った体系的なカリキュラムにはなっていない。そのため専門分野の幅広い知識を体系的に身に付けることもできず、自分の狭い研究テーマにしか関心を持てないような、視野の狭い、新しい分野に挑戦する冒険心の欠如した研究者が育っていくことになってしまう。

日本のような家族的、あるいは徒弟制的な研究室制度にもそれなりの良さがないわけではない。学問分野によっては、早い時期から研究の現場に入り込んで第一線の研究者と一緒に仕事をするほうがよい場合もあるかもしれない。しかし、それは必ずしも一般的な事例とは言えない。

一般的には、徒弟制的な研究室制度からは、言われたことは何でもきちんとこなす人間は育っても、自ら課題を見つけ、目標を設定する力を備えた、自立した研究者は育ちにくい。自ら研究計画書を書いたり、研究活動を統括したりする能力は身に付きにくい。これでは指導教員の縮小再生産だと言われても仕方がない。日本の場合は、社会が博士を必要としていないのではない。社会が必要とするような博士を大学が育てていないだけである。

この現状を改めない限り、日本の研究体制は、いくらお金をつぎ込んでみたところで良くなるとは思えない。企業としても、そのようなところで博士号を取得した学生を積極的に採用しようとはしないだろう。

〈アメリカの大学院の場合〉

アメリカの大学院では、博士課程でも最初の一―二年間、つまり修士レベルでは、幅広い基礎的な知識を身に付けるための授業科目を履修しなければならない。それも単なる講義科目ではない。毎回、厖大な文献を読まされ、レポートを書かされ、発表させられる。学生は文字通り死に物狂いになって勉強しなければならない。こうしたいわゆるコースワークを終了して、そのあと厳しい試験に合格した者だけが博士論文の作成にとりかかることができるのである。

その際にも、まず論文の企画提案書を作成し、教員や同僚たちの前でプレゼンテーションを行い、厳しい質問や批判を受けながら自分の考えを述べて周りを納得させなければならない。それに合格してはじめて、論文のテーマと指導教官が決まるのである。

そして博士課程の最終段階では、厳しい論文審査とは別に総合試験といって、専門分野に関する知識について部外者を含む複数の教員からいろいろ質問される口頭試問もある。それにきちんと答えてはじめて博士課程を卒業することができ、博士号が授与されるのだ。

こうした厳しい訓練を経て博士となった研究者は、広い裾野に支えられた専門分野の知識を有しているので、仮に将来自分の研究テーマに行き詰まった時でも新しい研究テーマに移り変わることができる。だからこそ、社会のいろいろな場所で活躍することができるのだ。

つまり、博士号を取得したということは、専門分野に関する幅広い知識を有していることの証明であり、自ら研究テーマを設定して問題を解決する能力を有していることの証明なのである。そうした背景があるからこそ、学生や教員が、時には国境を越えて、大学から大学へと自由に移動することもできる。それが国際的な常識となっているのだ。

〈博士課程の内容の充実〉

もっとも最近は、日本においても企業に採用された博士の評判が良いとの声を聞くこともあるので、社会の側にも少しずつ変化が現れてきているのかもしれない。これまでは企業のほうが先入観にとらわれ過ぎて、食わず嫌いのところがあったとも言えるだろう。いずれにせよ、こうした新しい時流に大学がきちんと対応するためにも、博士課程の内容の充実強化を図ることがますます重要な課題となっている。

それにしても、日本の大学には外国の大学に留学した経験のある教員が大勢いるはずなのに、なぜこのような状況が一向に改善されないのか。ひとつの理由は、日本の大学教授には海外留学経験のある人が多いとはいっても、ほとんどの場合、受け入れ先の先生に就いて自分の研究論文をまとめるための研究留学であって、コースワークを含めた博士課程教育を受けたうえで学位を取得してくる人はあまりいないからであろう。

研究の指導を受けるだけでは、海外の大学院教育に見られる幅の広さや厳しさを体験することもないし、日本の大学院教育の在り方について問題意識を持つこともない。問題意識を持ったとしても、自分の研究に追われて、今さら大学院の教育体制を変えようなどと考える余裕はないかもしれない。これに対して、大学院に入ったばかりの若い学生の場合は、はじめから大学院とはこんなものだと思っているから、問題意識の持ちようもない。しかし、これでは世界に通用するような強靭さを備えた研究者は育ちにくい。

2　博士課程の大改革が必要だ

1　博士課程の教育内容の体系化

〈知の全体構造を知るためのコースワーク〉

大学院博士課程の教育を改善するためには、まず何よりも、博士前期課程（修士レベル）において、先に述べたような体系的なコースワークを重視することが不可欠であろう。

現代のように専門の細分化が進展している時代だからこそ、専門分野の学問の基本となる知識を身に付け、知の全体構造を把握する必要があるし、また自分の専門分野と他の分野との関わりについても理解する必要がある。それを可能にするのが大学院でのコースワークである。アメリカではそれが充実しているからこそ、学部段階では狭い分野に深く入り込むことなく幅広く勉強することができる。あるいは、学部ではまったく違う分野の勉強をしたあとでも、大学院に入って博士号に挑戦することも可能になる。さらにそのような体系的な教育を集中的に経験することを通じて、将来の大学教員として必要な能力を養うこともできるのだ。

日本はアメリカと違って学部段階で専門教育を済ませているから、大学院でわざわざコースワークを設ける必要はないという人もいるかもしれない。だがそれはとんでもない思い違いである。専攻分野によっても違いがあるだろうが、学部における専門教育は、一般的には、さまざまな授業科目を寄せ集めただけのものであることが多い。修士課程になると、より専門性の高い授業科目が開設されているが、必ずしも体系的とは言えない。これに対してアメリカの大学院のコースワークでは、その分野の研究者として必要とされる基本的な科目を、現実社会の問題とも関連させながら、体系的なカリキュラムに基づいて幅広く勉強させられ、短期間で大量の知識を徹底的にたたき込まれる仕組みになっている。学ぶ量も質も日本とはまったく違うのだ。日本が小盛りのバイキング料理風だとすれば、アメリカは栄養バランスを考えた大盛りの定食メニューなのである。

もっとも、近年はアメリカにおいても、専門分化の傾向がさらに強まっているため、従来の博士号(Ph.D.)の取得者は視野が狭くて大学の教員には向かないといった問題が生じているらしく、そのため新たに学術博士の学位を設けて、視野の広い大学教員を養成しようとする大学も現れているという。そうであるなら、日本においてはなおさらのこと、博士課程の教育内容を根本から見直して改善する必要がある。

〈**理工系と文系の違い**〉

日本でも、理工系の場合は、修士課程の教育が学部の延長線上できちんとしたカリキュラムに基づいて実施されており、博士課程（後期）に進む学生にも、その前段階で修士課程の科目を履修させているのが通例である。それはそれで結構なことだ。ただし、博士課程（前期）においては、それに加えて、将来の研究者としての資質を高めるための指導も必要になってくるだろう。

他方、人文学・社会科学系においては、きちんとした体系的なカリキュラムに基づくコースワークを義務づけ、視野の広い自立した研究者を育成できるよう、博士課程（前期）の教育体制の大改革を行う必要がある。そして、履修科目の体系化・共通化を通じて国際的な通用性を確保し、国際的な知的創造活動に積極的に参加できる知的リーダーを育成できるようにしなければならない。研究室という狭いムラ社会にしか生きられない専門家では困るのだ。

今日、世界が大きく変化する中で、世界中の大学がアメリカの大学に引っ張られるようにして進化を遂げている。その時に日本の大学だけが惰眠を貪り続けることは許されない。大学院の中身の充実に真剣に取り組まなければならない時を迎えているのだ。

〈質の向上を考え続けるトップの見識と社会の関心〉

もちろん、何でもアメリカの真似をすればよいということではない。私自身、かつてアメリカのビジネススクールを経験する中で、人間をまるでモノでも扱うかのように売買したり処分したりする経営手法や、金儲けがすべてであるかのような考え方には、強い違和感を覚えたものだ。しかしそういうことも含めて、アメリカの大学院では、ある状況下において現実社会の諸問題を解決するために必要な実際的な能力を、合理的なカリキュラムに基づいて確実に身に付けさせる教育が効率的に実施されている。そこから見習うべきことは多い。

アメリカの大学を見習うといっても、表面に現れた形だけを取り入れればそれですむというものではない。アメリカの大学には、質の高い教育を実施するために常に何かを変えていこうとする主体的な姿勢が強く見られる。この姿勢を学ぶ必要があるのだ。

今から一〇数年前、アメリカの研究大学における学士課程の教育の質が低下していることが問題になった時にも、これを憂慮した大学人が集まって対応策を検討し、これを「ボイヤー報告」としてとりまとめるということがあった。こうした取組を支えているのがカーネギー財団やフォード財団であるが、このように何か問題が起きると、大学人の中から問題解決のための動きが出てくるところに、行政主導でしか動かない日本との違いが見られる。

日米間には制度上の違いがあるので単純な比較は禁物だが、それにしても、大学のことに関しては大学人が主体となって取り組むという姿勢には心を打たれるものがある。その原動力はどこに由来するかと言えば、それは大学の評価を高めることを日夜考え続けているトップの見識と能力であり、また大学の社会的責任を常に意識している大学人の矜持であると言ってよいだろう。

日本の場合、一歩大学の外に出ると、博士課程の経験者が非常に少ない。特に人文学・社会科学分野の博士は極めて少ない。そのため、政治家や行政官、あるいはマスコミも含めて、大学院の実態と問題点についてはあまり知られていないし、議論されることもない。したがってこの問題については、社会の関心を高めることから始めることも重要な課題と言えるかもしれない。

〈博士課程の縮小も〉

博士課程の問題をこのまま放置しておいたのでは、広い視野を持って世界で活躍できる優れた研究者を育てることは難しい。いくら政府が科学技術の研究予算を増額しても、実際に研究を担う優秀な若手研究者が育ってこなければ、期待されるような成果を挙げることはできない。それは日本社会にとって大きな損失である。最大の被害者は博士課程に学ぶ学生たちかもしれない。もちろん外国から勉強にきている留学生たちの期待を裏切ることにもなるだろう。

博士課程の改革を進めるに当たっては、いったん膨れ上がった学生定員数を思い切って縮小することも検討すべきだ。二〇〇八（平成二〇）年度では、入学総定員が二万三千人、延べ入学志願者が二万人、入学者一万六千人で、定員に対する延べ志願者の比率は〇・八五、定員充足率は〇・六九である。これでは質の確保は難しい。就職率も六三％と低い。少子化時代に学生規模を拡大すると、上位の大学における学生の質は著しく低下する。大学院重点化と称して一気に入学定員を増やしたことの弊害が現実に出ているのである。この際、博士課程の規模を縮小してでも、質の向上を図る必要があると思う。

日本の大学には有名無実のお飾り的な博士課程も少なくない。大学全体の五五％に相当する四二七校もの大学が博士課程を設けているのだ。アメリカの大学で博士課程を置くのは六九三校で、全体の二五％に過ぎない。日本では博士課程が大学のステータスシンボルと考えられているのか、それとも教員の虚栄心のためか、いずれにしても内容の伴わない博士課程が安易につくられ過ぎている。よほどしっかりした研究指導体制が整っているなら別だが、そうではない大学までが形だけの博士課程を置いているとしたら、そこに進学を勧められる学生が気の毒である。一定期間内に成果を挙げられない博士課程は廃止すべきであろう。

2 博士課程と修士課程の違いの明確化

〈修士と博士とでは目的が違う〉

博士課程を論じる際には、修士課程との関係についても触れなければならない。理工系分野では、優秀な学生ならば修士課程に進学することがすでに常識となっているが、それでも博士課程まで進む者は多くはない。そのため博士課程では、日本人学生よりも留学生のほうが目立っている。日本人学生が博士課程に進学しない理由としては、修士課程で就職内定が得られること、その後三年間の学費負担が重いこと、博士課程を終えると視野が狭くなり就職の不安があること、などが挙げられている。

そこに垣間見られるのは、博士課程と修士課程をあたかも同じ目的の組織としてとらえる見方、つまり両者の違いは単なるレベルの違いでしかないといった見方である。

一般的には、修士課程は主として専門的な知識・技術を用いて実務に携わる専門職を養成するための、それ自身で完結した課程であり、これに対して、博士課程は主として研究者を養成するための課程である。もちろん研究者養成のための修士課程（博士前期課程）もあれば、専門職養成のための博士課程もありうる。しかし主たる目的は何かと言えば、修士課程は専門職養成であり、博士課程は研究者養成であるといって差し支えない。

教育の目的も、修士課程の場合は、一定の方法論に従って与えられた課題を解決する能力を養うことであり、これに対して、博士課程の場合は、自ら課題を設定して最適の方法論を発見する能力を養うことであると言えるだろう。

このように両者は目的が違う。入ってくる学生の意識も異なっていて当然である。にもかかわらず、もしも修士課程と博士課程の違いが単なるレベルの違いとしてしか認識されていないとすれば、そこに大きな問題があると言うべきだろう。

〈修士論文の扱い〉

修士課程においては、課題を解決する能力を養うことを目的とするからには、コースワークを重視したカリキュラムを基本にしなければならない。実務的専門家を養成する修士課程であればそれが当たり前であるが、研究者になろうとする学生に対しても、前に述べたように、博士前期課程においてはコースワークを重視する必要がある。

ただし、将来研究者になることを目指す博士課程においては、できるだけ早くから研究者としての自覚をもたせることも大事なことだ。したがって、研究者になろうとする学生には、修士（博士前期課程の段階から、一貫した博士課程教育としての指導が必要になってくる。その中で、最初の一―二年は、コースワークを義務づける必要があるのだ。

難しいのは、そうした本来研究者養成であるはずの博士課程でありながら、前期課程（あるいは修士課程）だけで卒業してしまう学生への対応の仕方である。彼らは研究者なのか、それとも実務専門家なのか、それとも単なる研究室の実験協力者なのか。そこを明確にしないと適切な指導ができないことになる。そのような修士号取得者に対しては、中学校や高等学校への教職の道を拓いて、いわゆる教員養成系とは別のルートで高度の学問的訓練を受けた教員を増やしていくことも重要であろう。

修士論文の扱いについても見直しが必要だ。なぜなら、日本の学生は修士論文に精力を費やし、博士論文が書けなくなってしまうことが少なくないからである。研究者としての課題設定能力を証明する大論文は博士論文として書けばよいのであって、与えられた課題を解決する能力を養う修士課程の論文としてはそこまで要求する必要はない。その観点から、修士論文の在り方について見直し検討する必要があると思われる。

高度専門職の養成を目的とする修士課程の場合も、それぞれの分野の特性に応じて、果たして修士論文を課すのがよいのか、あるいは論文ではなく、他の方法を採用するのがよいのかを検討する必要があるだろう。大学院に入った以上は全員が修士論文を書かなければならないといった先入観を捨てて、それぞれの課程の目的に見合った、もっとも効果的な教育方法を考える必要がある。

教員の側も、大学院における自分の役割は論文指導だと安易に考えるのではなく、きちんとした授業を通して、学生に広い領域で深い知識を身に付けさせる教育指導を行うことを本来の任務と考えるべきだ。

こうした考え方に立てば、博士課程を二年プラス三年と決めつける必要もない。コースワークを一年程度で終えて、四年間で修了できる場合もあるだろう。このことはすでに制度的には可能になっており、この制度を活用した事例も相当出てきている。しかし、現在はあくまでも例外措置である。それを例外から一般的な原則に変えていくことを検討してもよいのではないか。それにより、博士課程への進学に対する阻害要因の少なくとも一部は解決できるのではないかと思うが、いかがであろうか。

〈誰が改革に取り組むのか〉

いずれにしても、大学院の改革は喫緊の課題である。では誰がこの改革に取り組むのか。文部科学省が動き出すまで待っていればよいのか。だがそれでは世界のトップレベルを目指す研究大学の名折れになる。大学院を経験していない官僚に任せておくわけにもいかない。これこそは大学自身が自らの責任において主体的に取り組まなければならない課題である。研究を重視する有力大学が連携して、文部科学省の指示を待つことなく、自分たちの教育研究水準を高めるために、率先してコースワークの充実と博士後期課程に進むための資格審査基準の厳格化に向けた協議を開始すべきだ。

大学の足並みを揃えるのが難しいならば、たとえば、トップクラスの研究中心大学の中に、特定分野のモデル的な博士課程プログラムを立ち上げ、予算面でも人事面でも特別扱いにして、世界に通用する大学院教育のテストケースとして運営してみるといったやり方もありうる。それくらいのことを実行しないと、日本の大学院はますます世界の潮流から取り残されてしまう。

コースワークの充実に関しては、二〇〇五（平成一七）年の中教審答申「新時代の大学院教育」では、国に対して、「諸外国の大学院におけるコースワーク、単位制度等の状況等を調査研究し、諸外国の魅力ある教育の取組みの情報提供に努める」よう提言している。だが、この種の調査活動は本来ならば大学自身が、自らの責任で実施すべきことであろう。個々の大学で実施することが難しければ、大学間の協力ネットワークを構築して、自分たちの責任で調査研究を進めるべきものであろう。このようなことまでお上に頼むような姿勢が何とも情けなく思う。

3　ポスドクに教師への道を拓く

〈ポスドク問題の原因〉

近年、せっかく博士号を取得しても、大学や研究機関のポストは限られているため、安定した職に就けない人が増えて問題となっている。いわゆる「ポスドク」問題である。

ポスドクとは、博士の学位を取得したあと、日本学術振興会特別研究員や二一世紀COE研究員などの身分を与えられて、通常は三―五年程度の任期付きで大学の研究室などで研究能力を磨く若手研究者のことで、博士研究員とも呼ばれる。それ自体は、研究者のキャリアパスとして必要な制度と考えられるが、問題は、その任期が終了したあとも安定した身分の職を得られないまま高齢化していく者が増えていることである。

文部科学省によると、ポスドクは二〇〇六（平成一八）年度で一万六千人もいる。ポスドクの中では、三五歳以上の者が約三割を占め、社会保険の未加入者も全体の四割に上っている。彼らの多くは、積もり重なった多額の奨学金の返済すらできないでいるという。

なぜポスドクが増えてしまったのか。その原因の一部は、一九九〇年代のいわゆる大学院重点化政策にある。一九九一（平成三）年の大学審議会答申で、今後は大学などの研究職に対するニーズは増えないものの、実務に携わる高度専門職業人に対するニーズは増大するとして、大学院倍増の方針が打ち出された。その主なねらいは実務者養成のための修士課程の拡充であった。ところが実際に大学から開設の申請が出されてきたのは、旧来型の研究者養成とほとんど変わらない大学院研究科が圧倒的に多かったのである。
学内で大学院の拡充に積極的に取り組んだ人たちがもともと旧来型の研究者であったために、そのような発想にしかならなかったのであろう。結果的には、学生のためというよりは、教員自身のための大学院拡充であったということになる。そのため文部科学省は、その後改めて専門職大学院という制度を創設しなければならなくなったのである。

こうして大学院の数が増え、せっかく博士の学位を取得し、ポスドクとして一定期間研究能力を磨いても、そのあと安定した教育研究職に就くことのできない研究者が増えるという深刻な事態を生み出すことになった。多くの大学では、大学院生が多くなり過ぎて教員の指導が行き届かなくなっているという問題も指摘されている。今日、定職に就けない高齢化したポスドクの増加という問題ほど日本の大学院の深刻な問題状況を浮き彫りにするものはない。

こうした問題を解決するためには、博士課程の規模を縮小することも考えるべきだろう。もともと拡充の必要がなかったにもかかわらず、大学院拡充という方針を都合よく解釈して、卒業後の進路の見通しもないまま既存の大学院の規模を拡大したところに問題があるのだ。そのような計画を立てた大学側にも責任があるし、国立大学の場合、大学院重点化と称してそれを安易に認めて予算をつけた当時の文部省も責任を免れない。

〈教育者への道〉

他方、現に多くのポスドクが存在する限り、彼らの処遇方法をまず考えなければならない。このままでは大きな社会的損失になってしまう。企業や研究所がもっと積極的に博士を採用するようになってほしいと思うが、さらにそれに加えて、ポスドクのようにせっかく研究者としての訓練を受けてきた人たちの能力をもっと広く活かす方法も考える必要があるだろう。

そのひとつの方法は、小・中・高等学校の理数系の教員として活躍できるようにすることであろう。学校現場の教師は、概して理数系の科目が得意ではない。いろいろな自然現象に興味を持ち、自分の頭で考え、新しい発見に胸を躍らせたという経験を味わっていない。ポスドクには、そのような体験を経て、自ら研究者としての訓練を受けてきている人が多い。それだけに、子供の知的好奇心をきちんと受け止めて、深く考えることの大切さを教えることは得意のはずである。そこに彼らの能力を活かす道があるのではないか。そのために新しくできた教職大学院を活用するといったことも検討すべきだ。

これを単なるポスドクの救済策と考えてはいけない。研究者になれないから教師にするというのではない。どちらも教育者であることには変わりはない。大学の教員になるのもよし、小・中・高等学校の教員になるのもよし、はじめから複数の選択肢が用意されていて、どちらの道でも自由に選択できるようにすべきであろう。そのような形で進路の選択肢を広げることは、大学院にとっても、ポスドクにとっても、そして小・中・高等学校の理数科教育などの向上のためにも有益なことと考えられる。

3　学問に国境はない

1　冒険しない若者たち

〈海外留学者の減少〉

歴史上大国と呼ばれる国には、知の交差点としての優れた大学が存在し、そこには世界中から人が集まった。現代においても、大学は国際的な知の創造と交流の拠点としての役割を果たすことが期待されている。日本はそのような大国にはなったことはないが、しかしグローバル化した世界の中で、国際的な知的ネットワークの一環として一定の役割を果たしているし、これからもその重要性は変わらないであろう。

優れた研究者に共通するもっとも大事な資質として、旺盛な知的冒険心を挙げることができる。疑問を抱いたらとことん追求して解明するという、妥協を許さない執念とも言えるような積極的姿勢である。ところが、近年の日本の大学生にはそのような知的冒険心が欠如していることが指摘されている。

そのことを端的に示すのが、海外への留学者が減っているという事実である。日本人の海外留学は年間約一〇万人で、その三分の一はアメリカへの留学である。その数がここ数年来減少しているのだ。

同じ英語圏であるイギリス、オーストラリア、カナダ、ニュージーランドへの留学も減っている。他方、これらの国への中国、韓国、インドからの留学生はどこでも増えているのだ。

アメリカの国際教育研究所（IIE）によると、二〇〇八（平成二〇）年度のアメリカにおける日本人留学生数は二万九千人で、インド（一〇万三千人）、中国（九万八千人）、韓国（七万五千人）、カナダ（三万人）に次いで五番目である。

日本からアメリカへの留学生は、一九八〇年代の後半から九〇年代初めにかけて急激に増加し、その後の一〇年間はほぼ横ばいとなって、四万五千人から四万七千人のレベルで推移していた。その間、一九九四（平成六）年度から九八（平成一〇）年度までは、日本人がアメリカの大学における最大の外国人留学生グループでもあった。それが二〇〇三（平成一五）年以降、減少傾向に転じて、二〇〇八（平成二〇）年度には前述のように二万九千人となったのだ。過去最高だった一九九七（平成九）年度の四万七千人と比べると三八％の減少である。

日本人留学生といっても、その実態はさまざまだ。しかし、全体として見れば、日本人留学生には二つの大きな特徴がある。

ひとつは、大学院への留学が非常に少ないことだ。内訳をみると、学部レベル（アンダーグラデュエート）が約一万七千人で、全体の六割を占めている。これに対して、大学院は六千余人で全体の二割にすぎない。あとの二割は語学学校などである。これに対して、他の国々では大学院生のほうが圧倒的に多い。インドは全体の七〇％弱に当たる七万一千人が大学院留学生であり、中国の場合は全体の五七％に当たる五万七千人、韓国は全体の三三％に当たる二万五千人、カナダは全体の四〇％に当たる一万三千人が大学院留学生である。

日本人留学生のもうひとつの特徴は、修士レベルのプロフェッショナルスクールを除けば、学位の取得を目指す者が極めて少ないことである。学部レベル（アンダーグラデュエート）といっても、その中身をよくみると、正規の学士課程で学ぶ者は非常に少なく、コミュニティカレッジや英語教育コースなどで短期間勉強をするだけの留学生が大部分を占めている。つまり、ほとんどの場合、留学の目的は国際感覚を養うことと英語力を身に付けることであって、学士号の取得を目的としているわけではないのだ。大学院レベルでも、プロフェッショナルスクールは別だが、それを除けば、日本の大学に籍をおきながら、その間に一―二年間留学して自分の研究を続けるといった事例がほとんどである。

こうした日本人留学生の数が減っている理由は、単純なものではないが、あえて一般的な言い方をすれば、特に学部レベルでは、近年の経済事情を反映して経費負担が重荷になっていること、少子化と進学率の上昇により平均的な大学生の英語力が低下していること、就職活動に支障を生じること、少子化で日本の大学が入学しやすくなったうえ、さまざまな語学研修の機会が充実してきたため、アメリカに留学するインセンティブが低下したこと、などの要因が働いていると考えられる。

大学院レベルでは、日本にも専門職大学院が誕生したこと、帰国後の就職先に関する不安があること、それまでビジネススクールなどに社員を派遣していた企業が派遣プログラムを縮小あるいは廃止したことなどに加えて、インド、中国、韓国などからの留学生の急増により競争が激化してきたことも、日本人留学生の減少をもたらす要因となっていると考えられる。

こうした実態をどう受け止めたらよいのか。学部レベルの留学に関しては、前述のように、近年は日本の大学が、英語圏に限らず、多くの国々の大学と協定を結んで、数週間あるいは数カ月間といった短期の海外研修プログラムを充実させているので、そうした中でアメリカへの留学生数だけを問題にするのは必ずしも適切とは言えないかもしれない。

しかし、大学院生の場合は事情が異なる。彼らは知の創造を通じて国の将来を担う優秀な頭脳である。その大学院生が世界の頭脳が競い合うアメリカへ留学しなくなっているということは、知的基盤社会の根幹を揺るがす深刻な問題と言わなければならない。その間にインド、中国、韓国などからの留学生は増え続け、しかもその大部分が大学院に留学している。彼らこそは、いずれアジアの知的指導者として、これからの世界の中でますます重要な役割を果たすことになる人たちである。それだけに、多くの日本人がアメリカの大学院で彼らと一緒に学び、世界の知的ネットワークの一員としての絆を深めながら協力していくことが、日本の将来にとっても重要なことになるのだ。

〈内向き志向とリスク回避〉

留学生の減少の原因としては、前にも述べたように、少子化や不景気による経済的な理由に加えて、帰国後の就職が難しくなるという現実的な問題があるようだが、しかしもっと大きな理由として、最近の日本人に見られる内向き志向、あるいはリスクを回避しようとする性向を指摘する向きも多い。

実際、こうした統計データとは別に、日頃から学生と接している大学の教授たちの反応はもっと敏感だ。彼らは口を揃えて、最近の学生には未知の世界に飛び出そうとする意欲あるいは知的冒険心が足りないと指摘する。

たしかに、日本は街がきれいだし、安全で快適だ。食べ物も美味しい。日本以上に安心して住める国は世界中どこを探しても見当たらない。日本を離れると将来の就職が心配になる。日本にいても必要な情報は手に入る。だから何もわざわざ外国にまで行くことはない。そのように考える若者が増えているのだ。いや若者だけではない。日本人全体が内向きになっている。ぬるま湯的な生活に慣れてしまい、そこから抜け出して未知の世界に飛び込もうとする活力が失われつつあるのだ。その様子が、教員の目には知的冒険心の欠如と映るのであろう。

大学の教員がそのような印象を持つ背景には、大学院に在籍する学生数が増えているといったことも関係しているだろう。古い世代の人には信じられないだろうが、東京大学の例を見ても、学部の入学者数は約三一〇〇人、これに対して大学院修士課程への進学者数は約三五〇〇人で学部入学者の数を上回っている。博士課程（後期）への進学者数も約一三〇〇人で、学部入学者数の四〇％以上である。それほど大学院生の数が増えているのだ。これがトップクラスの研究大学の実態である。学生数が増えれば、全体を平均して見た時に、彼らの学力や知的好奇心が低下してくるのはある程度は避けられない。それに加えて少子化の影響もあるので、学力水準の低下はさらに顕著になる。

しかし、それにしても、大学院生に知的冒険心が乏しいというのは大問題だ。学問の世界で、苦労をせず冒険もせずに成果だけを得ようとしても、それは無理というものである。多少の危険という代価を払ってこそ、思いがけない大きな成果が得られることもあるのだ。世界の頭脳が集まる大学や国際学会などの場での異質な者同士の交流を通じた刺激や摩擦、そこから得られるひらめきや発見などを大切にしないで、どうして学問の道で生きていくことができるであろうか。

国内にいるほうが楽だし、居心地がよいこともよくわかる。しかしそれでは研究の成果は挙がらない。外国人とは太刀打ちできない。それでもなおかつ国内に閉じこもって細々と研究を続けていたいという人はそうすればよいが、そのために貴重な税金を使うのはもったいない。

〈歴史の遺産〉

日本の教育や学術が欧米諸国との交流を通じて発展してきたことは言うまでもないが、その中でも日米間の交流は特に重要な役割を果たしてきた。だが、それは必ずしも恵まれた状況の下で順調に展開されてきたというわけではなかった。

たとえば、日本人として最初のアメリカの大学卒業生となった安中藩士の新島襄は、まだ江戸幕府が海外渡航を禁じていた一八六四年に、国禁を犯して密航までしてアメリカに渡っている。そしてマサチューセッツ州のアマースト大学を卒業し、のちに同志社大学を創設するのである。

福井藩で最初の留学生となった日下部太郎は、一八六七年に、一五〇日間の船旅を経てニュージャージー州に到着、ラトガーズ大学に留学して猛勉強の末、成績優秀で将来を嘱望されていたが、卒業を目前にして結核を患い、志半ばにして異国の地に果てている。

明治維新後、政府が一八七一（明治四）年に派遣した岩倉具視を団長とする欧米回覧使節団の一行一〇〇余名の中には四三名の留学生が含まれていたが、そのうち五名は女子であった。女子学生の派遣は北海道開拓使次官だった黒田清隆の肝いりで決まったものの、はじめは応募者がなく、やっと五名の女子の派遣にこぎつけたというのが真相であった。

最年少は佐倉藩士の娘の津田梅子でまだ六歳、幼い少女である。彼女がどんなに心細い思いで見ず知らずの異国の地に赴いたのか、その心境は察して余りあるものがある。津田は一〇数年後に帰国し、その後再度の渡米でフィラデルフィア市近郊にあるブリンマー大学を卒業、帰国してから女子英学塾（現津田塾大学）を開設して女子教育の振興に力を尽くした。

会津藩士の娘で一〇歳の山川捨松は、もともと咲子という名前だったが、留学が決まって、母が「捨てたつもりで、帰りを待つ」といってつけた名前が捨松であった。捨松はその後ニューヨーク州にあるヴァッサー大学を卒業し、日本人女性として最初のアメリカ大学卒業生となっている。

東京大学が創設される一年前、北海道開拓使の要請で札幌農学校の初代教頭に就任したアメリカ人、ウィリアム・クラーク博士は、外国人教師による英語だけのリベラルアーツ教育を通じて学生の訓育に当たり、ここから新渡戸稲造、内村鑑三などの逸材が巣立っていった。彼らはのちにアメリカに留学してさらに刻苦勉励を重ね、その後は日本を代表する国際人として活躍することになる。

こうしたエピソードから窺えることは、今日の我が国の教育・学術分野における隆盛や日米間の緊密な関係は、文字通り命懸けで勉学に励んだ多くの先人の、血のにじむような努力の上に成り立っているということである。我々はそうした先人の不屈のチャレンジ精神から学ばなければならないし、その貴重な経験の蓄積を無駄にしてはならないと改めて思うのである。

日本のような小さな島国が広い世界への興味や関心を失ってしまったのでは未来はない。国内の平穏な生活に満足して安逸をむさぼったり、目先のことだけを考えていたりしてはダメだ。ぬるま湯から飛び出して、厳しい競争的環境の下に身を置いて自分を鍛える強さを持った若者が増えてほしい。そして広い視野と優れた見識を持った人物に育ってほしい。そのためにも海外の大学に留学して、知的競争の世界に飛び込んでいく積極的な姿勢を持ってほしいと思う。

日本の大学院には、同じ大学の学部から進学してきた人が圧倒的に多く、中には就職できないから大学院に残ったという学生もいる。そんなことで大学院に残られては困るのだが、そういう現実もあることは否定できない。そうした環境下では、教える側にも教わる側にも緊張感がなく、厳しさも欠いてしまうことになる。

この際、日本の将来のためにも、優秀な学生であればあるほど、指導教授の力で海外へ武者修行に放り出すぐらいのことを義務づける必要があるのではないか。さもないと、まともな博士を育てることは難しい。その程度の冒険心も持たないような内向きの学生が大学院に在籍しているとすれば、そのこと自体が大問題である。

2　何が若者を内向き志向にさせるのか

〈親の期待を背負う真面目な若者〉

この問題の根っ子はもっと深いところにあるのかもしれない。おそらくは幼少時からの生活習慣や学習習慣が強く影響を及ぼしているのであろう。

中学校や高等学校になると、生徒の学習意欲を支えているのは、上級学校に進学するための受験であるといってもよい。人生のある時期にひとつの目標を目指して努力するという体験は貴重なものだ。だが問題はその努力の中身である。

入学試験の内容には、択一選択方式で知識の量を問うものが多い。そのため授業では知識を詰め込むことが重視され、考える訓練がおろそかになる。思考力よりも記憶力が求められるのだ。歴史の授業においても、教科書に登場する細かな事項や年号を覚えることが要求され、歴史の大きな流れをつかんだり、個々の出来事について深く考えたりする学習は切り捨てられてしまう。それでも真面目な高校生は、親の期待を一身に背負って受験勉強に熱心に取り組むのだ。

しかしこうした受験によって支えられる学習意欲は決して健全なものとは言えない。受験という学習目標は、成績上位の生徒にはある程度のモチベーションとして働く半面、親の行き過ぎた期待や保護や干渉が、子供の知徳体のバランスのとれた成長を阻害する要因ともなりうる。それは男子の場合に特に顕著であり、その圧力が彼らの活動を制限し、視野を狭くさせ、内向き志向にさせている。その結果、試験の成績だけは良いが、人間としての常識を欠いたり、基本的な倫理観や道徳観が育たないまま大人になったりする者が出てくることにもなってくる。

それとは対照的に、女子の場合は、母親が比較的自由放任の態度で接するからだろうか、自分の興味や関心に応じてのびのびと才能を伸ばすことができているようにも見える。高校生や大学生を対象とした各種の国際交流事業の参加者を見ても、圧倒的に女子が多い。可哀そうなのは男子である。

〈体験を通じて学ぶ〉

こうして真面目な生徒であればあるほど、狭い世界しか体験することなく、しかし成績は良いので上位の難関大学に進学していく。彼らが数々の受験をくぐり抜けて最後にたどりつく先が大学院である。その時に、彼らがすでに燃え尽きて知的好奇心を失ってしまっているとしたら、それは大きな問題であろう。

ところが、東大の学生実態調査によると、学生たちは受験勉強を悪とは考えていないようだ。むしろ「ゆとり教育」を批判する意見が多い。このことをどう考えたらよいのか。彼らは成績優秀の生徒だったから、勉強は苦にはならなかったにちがいないし、成績も抜群で、いわば受験競争の勝ち組である。彼らが「ゆとり教育」に批判的であるとしても不思議はない。だが問題は、そうした東大生たちに対する社会一般からの評価が低下しているということではないだろうか。渦中にある学生たちは当然ながらその変化には気がついていない。そこに問題がある。

大事なのは自分で考えて前に進む力であり、その原動力は知的好奇心である。それは親や教師が一方的に与えたり、教えたりできるものではない。自分自身で何かの機会に自ら感じ取るものである。

つまり知識ではなく感性なのだ。そうした感性は本物に触れることによって磨かれていくものであろう。そうであるなら、大事なことはさまざまな現場体験を積むことである。

現代の子供たちは、自然体験はもとより、社会の複雑な営みの現場に触れる体験があまりに少な過ぎる。学校教育においても、子供たちに自然や社会の現場を見せ、体験させ、五感を鍛える機会を増やしていくことが重要だ。

小さいころから子供を過保護にし、学校の成績に一喜一憂し、「いい学校」、「いい会社」に入れることだけを目標にするような子育ての仕方は間違っている。それではかえって本人の好奇心や「生きる力」を摘み取ってしまうことになってしまう。世の親はもっと長い目で我が子の成長を見守る必要がある。親という字は「木のうえに立って見る」と書くではないか。

〈大学の責務〉

大学院に進学した段階で燃え尽きてしまったりしては、本人の努力も報われないし、大学としてもその社会的使命を果たすことができない。大学がまともに機能しなければ日本の将来が危うい。この悪の連鎖を断ち切らなければならない。そのためには、まず大学自身が行動を起こす必要がある。

大学あるいは大学院に受け入れた学生に対しては、広く海外に目を向けさせ、甘やかすことなく、厳しく鍛えるべきだ。それが大学側の責務である。そのためにも、大学院博士課程の現状を改革する必要がある。学生を自立した研究者に育て上げるためには、教授の研究室の手足としてこき使ってはならない。指導教員は一番弟子を積極的に海外に武者修行に送り出す必要があるし、それと同時に、学生は世界に飛び出す勇気を持たなければならない。そのためには、学生の知的冒険心を掻き立てるための誘導策、たとえば奨学金の充実、帰国後の処遇の改善などを講じることも重要な課題となるであろう。

独立行政法人日本学術振興会が実施している事業のひとつに、特別研究員という制度がある。主として大学院博士課程に在学する優秀な若手研究者に対して、早いうちから研究に専念できるよう研究奨励金を与える制度で、毎年約一万人の応募者の中から二三〇〇人ほどが採用されている。せっかくこのような優秀な学生が選ばれているのだから、彼らを積極的に海外の大学院や研究機関に派遣することを検討すべきではないか。

〈内向き志向は大人のほうではないか〉

海外の日本人留学生が減っていることについて、ここまでは主として若者の内向き志向という視点から問題点を考えてきた。しかし、仮に今日の若者にそのような傾向が見られるにしても、それだけでは海外への留学生が減っていることの十分な説明になるとは思えない。

留学を考えるのは若者全体のごくごく一部である。優秀な若者の中には、できれば海外の厳しい条件下で勉強して自分を磨き、将来は世界を舞台に活躍したいという高い志を持つ者も決して少なくないはずだ。問題はなぜそういう学生までが実際に海外に出ていかないのかということだ。彼らの海外雄飛を現実に阻んでいるのは何か。それは彼らの内向き志向というよりは、むしろ大人の側の内向き志向ではないのか。

中でも重要なのは産業界である。実際に留学を視野に入れて将来を考えている学生たちの声を聞くと、現実の問題としては、帰国後の就職のことが一番心配になるようだ。このことを産業界などはどのように考えているのだろうか。

産業界はこれまで、外国の大学を卒業した者を積極的に採用しようとしてきただろうか。積極的とは言わないまでも、せめて海外留学が不利に働かないような配慮をしてきただろうか。企業が本心から国際的に活躍できる人材を求めているのであれば、海外の大学を卒業した学生を積極的に採用するという明確な方針を打ち出すべきではないのか。そうすれば、志ある若者は安心して留学できることになる。それが長期的には企業の人材能力を高めることにもつながっていく。

かつては企業から派遣されて海外のビジネススクールなどで学ぶ学生も多かった。それがバブル崩壊とともに縮小されたことも、今日の留学生減少のひとつの要因となっている。そうだとすればなおさら、まず自分のところの社員を海外の大学に留学させるべきではないのか。あるいは海外の大学で学位を取得した人材をもっと積極的に採用し活用すべきではないのか。

もしも企業がその必要性を感じていないとすれば、もともと海外留学にはそれほどの価値がないということであろう。そうであるなら、アメリカへの留学生が減少したからといってそれほど大騒ぎする必要もないことになる。

しかしそれで本当に企業は大丈夫なのだろうか。いつまでも国内大学卒にこだわるような鎖国的人事を続けているようでは、企業自身が国際競争の中で淘汰されてしまうにちがいない。

〈高校卒で留学〉

日本人の留学生には、前に述べたように、日本の大学に在籍して、その間に短期間だけ海外の大学で主として語学を学んでいる者が圧倒的に多い。学位取得を目指して勉強する学生は少ないのだ。ある意味では、リスクの少ない気楽な留学である。そのような留学生の数が減ったからといって、それほど大騒ぎするほどの問題ではない。重要なのは、留学生の数ではなく、質である。

これからの時代に世界を舞台に活躍できる優れた日本人を育成するためには、学位の取得を目的とする課程に在籍して、実際に学位を取得する留学生を増やす必要があるのではないか。学部では学士号、プロフェッショナルスクールではＭＢＡをはじめとする専門職分野に応じた修士号、そして研究者としての博士号である。

現在は、いずれ留学したいと考える日本の高校生でも、まず日本の大学への進学を目指して受験勉強をする。その段階ですでに自分の可能性を狭め、チャレンジ精神を失い、中には大学に入学すると同時に燃え尽きてしまう者も少なくない。それではあまりにももったいない。成績優秀で学習意欲の高い高校生に対しては、もっと早くから大きな目標に向かって挑戦できるよう、はじめから外国の大学を目指すことをひとつの選択肢として積極的に考えさせるようにすべきではないか。もちろんリスクも伴うが、しかし志の高い若者にとっては、チャレンジしてみる価値がある。その際、学費負担の問題が出てくるが、アメリカの一流大学であれば、優秀な学生に対しては奨学金を給付するのが通例なので、成績さえよければ経済面ではあまり心配する必要はない。

優秀な高校生が外国の大学への進学を目指すような道筋が出来上がれば、日本の高校生の学習の仕方も変わるだろうし、日本の大学もこれまでの旧態依然たる考え方を改めなければならなくなるだろう。企業の人事採用方針も変わってくるに違いない。それぐらいのことを考えないと、将来世界を舞台に活躍できる人材を育てることは難しい。

3　世界の頭脳を惹きつけるために

〈優秀な学生が日本に来てくれるか〉

日本の大学が世界の知的生産活動に貢献をしようとするならば、日本人の専門職や研究者の育成だけを考えているだけでは不十分だ。諸外国からの優秀な留学生や研究者をいかにして惹きつけるかということも重要な課題である。

文部科学省によれば、現在日本の大学院に学ぶ留学生の数は三万二千人で、大学院生全体の一二%を占めている。国別で見ると、中国が圧倒的に多く、全体の五一%を占めており、次いで韓国が一三%、台湾が四%、インドネシア、ベトナム、タイがそれぞれ三%である。ちなみにアメリカからの留学生は三二一人で一%である。

同じ留学生とは言っても、日本の場合は、欧米とは事情が大きく異なる。アメリカやヨーロッパでは、外国人留学生は授業料を払って来てくれるから、どこでも大歓迎である。これに対して、日本では、日本人学生よりも高い奨学金を支給したり、留学生を受け入れる大学に対して授業料減免のための補助金を出したりして、外国人留学生に来てもらっているのである。それだけの優遇措置を講じないと来てくれないのだ。そこまでしても実際には、やはり一番優秀な学生はアメリカの大学に行ってしまい、日本には来てくれないのである。

その理由はいろいろあるが、一番大きな理由は、日本の大学教育の質が低いことであろう。日本人学生が真面目に勉強しないことに対して批判的な留学生が多いのもうなずける。このことを大学は真摯に反省し、改めなければならない。良い教育をすれば、黙っていても留学生がやってくるようになるはずだ。とりわけ重要なのは、大学院教育である。ぜひ日本に来て大学院で勉強したいという外国人を増やす必要があるのだ。

〈言語の壁を乗り越える〉

そのためには使用言語をどうするかという問題も出てくる。日本は非西欧国では例外的に、母国語で高等教育まで受けられる国である。このことが国民の平均的な学力の向上に大きく寄与してきたことは疑いないが、同時に日本を世界の中で孤立化させる結果ともなっている。

近年は、インターネットの普及で英語が事実上の世界共通語となり、さらにグーグルが世界中の英語文献のデータベース化を進めたことで、電子書籍端末を使えば、英語で出版されている世界中の書物をいつでもどこでも読むことが可能になってきた。つまり英語を使える人だけが人類のもっとも豊かな知的活動の成果を享受できる時代になったのだ。

このことは英語圏と非英語圏との間に新たな知的情報格差が生まれようとしていることを意味して

いる。日本語だけで知的創造活動が可能な特殊な分野もないわけではないが、それは極めて限られている。一般的には、日本人が日本語だけで世界の知的創造に参加し、積極的な活動を展開していくことはほとんど不可能に近いのだ。この問題は日本人だけの問題ではなく、非英語圏の人に共通する問題でもある。

グローバル化した世界で国際的なコミュニケーションを行うためには、母国語が何であれ、ひとつの共通言語を使わざるをえなくなっていく。そうしない限り、国際的な交流の場に参加することもできないし、世界の優れた頭脳を自国に招き入れることもできない。人類の共有財産としての知的生産に関わろうとするならば、世界の共通語となっている英語を用いざるをえないのだ。

アジアは英語圏ではないという人もいるかもしれない。しかし、前に述べたように、アジア諸国からアメリカに留学している学生の数は急激に増えている。日本人の比ではない。ハーバード大学だけをとってみても、二〇〇九―一〇年度の留学生の数は、中国から四六三人、韓国から三一四人、インドから二三五人、シンガポールから一一四人、台湾から九九人、これに対して日本からは一〇一人である。

彼らはいずれ母国に帰って、それぞれの国で指導的な立場に立つことになる。このように、非英語圏と思われているアジア地域においても、大学人をはじめとする社会の指導者層の間では英語が共通語となっているのであり、大学ではアメリカ的な国際標準に基づく教育が展開されているのである。このままでは日本だけが国際的な知的生産活動から取り残されることになりかねない。

〈英語による大学院教育が必要だ〉

外国人が日本の大学に留学するには、一般的には、日本語ができなければならない。これに対して、英語でも日本の大学で学べるようにしてほしいという要望は強い。こうした要望に応える形で、近年は大学間交流協定などに基づいて、一年以内の一定期間だけ、母国の大学に籍を置いたまま日本の大学で英語や日本語で授業を受けるいわゆる「短期留学生」が増えている。

短期留学生の数は、二〇〇七（平成一九）年度では八四〇〇名である。その中でも中国と韓国の学生が全体の四六％を占め、台湾を加えると五二％になるが、それに次いで多いのが、アメリカ、ドイツ、フランス、イギリス、オーストラリア、カナダなど西欧語圏からの学生である。この点が学位取得を目的とする長期の留学生との違いであり、このプログラムの大きな特徴ともなっている。この種の潜在的なニーズは相当あるようだ。

こうした短期留学生を受け入れるために英語による特別コースを設ける大学も増えていて、現在では、国立で三〇校、公立で一校、私立で三五校に上っている。国際教養大学（秋田）、上智大学国際教養学部、早稲田大学国際教養学部、立命館アジア太平洋大学（別府）などでは、英語だけで卒業することも可能だ。

大学院レベルでも英語で授業が行われているところが増えてはいるが、まだまだ例外的である。世界に通用する大学院として国際的な評価を得るには、少なくともトップクラスの大学院においては、英語を常用語とするぐらいの思い切った措置を講じるべきだ。

日本語ができなくても日本の大学院で勉強できるとなれば、留学希望者が増えることは間違いない。外国人教員の採用も容易になるだろう。そうなれば、日本人学生にとっても、大学院への進学は英語圏への留学にも似た学習体験の機会となっていくにちがいない。それに伴って、学部段階から英語を身に付けておくことが大学院進学の必須要件となり、それが英語学習への新たなインセンティブとなっていくことも考えられる。

4 ローカル空間とグローバル空間の往来

〈ローカルからグローバルへ、グローバルからローカルへ〉

日本人にとって母国語のほかに共通語としての英語を身に付けるのは容易なことではない。よほどの必要性に迫られない限り、バイリンガルになるのは難しいことだ。

しかし、近代社会は欧米の思想文化や価値観の強い影響の下に出来上がっている。このことは否定のしようがない事実だ。とはいえ、世界は決して欧米一色に染まっているわけではない。だからこそ、欧米社会と非欧米社会との間には、さまざまな問題をめぐって摩擦や衝突も起こっている。そうした中でグローバル化が進み、インターネットの発達がそれに拍車をかけるようにして、多様な言語や文化を持った世界を横につなぐ万国共通のグローバルな空間が広がりつつある。こうした傾向は今後ともスピードを速めながら続いていくだろう。

それと同時に、各社会の固有の伝統文化に根差したローカルな空間もまた存続していくことになる。

我々はこうしたいわば二層の空間の中に生きていかなければならない。グローバルとローカルの空間の中間にはいくつかの国から成るリージョナルな空間もあるので、むしろ三層の空間と言うべきかもしれない。ローカルの世界にしっかりと足場を築きながら、リージョナルやグローバルの空間にも積極的に参加していくことになるのだ。つまり、一人の人間が三層の世界の中で異なる空間を往ったり来たりしながら生きているのである。

その中で、もっぱらローカルな空間のみに生きる人もいるが、そこからリージョナルな空間あるいはグローバルな空間へと活動領域を広げていく人の数は確実に増えていく。

〈伝統文化にこそグローバルな価値がある〉

ローカルな空間で使われる言語はさまざまだ。日本ではもちろん日本語である。しかし、グローバルな空間で使用される共通言語は、現在は英語である。そうである以上、英語でコミュニケーションができなければグローバルな世界には参加できないことになる。それはなかなか大変なことだ。

それだけに、本当はローカルな空間にいるほうが楽なことが多い。互いに気心が知れているし、居心地がいい。だが、いくら居心地がいいからといって、日本人がみんなそこに閉じこもってしまったのでは、国の経済が成り立たなくなる。グローバルな空間で厳しい競争にもまれながら活躍する人が増えてこなくてはならないのだ。とりわけ学問の世界に生きようとする人たちには、ローカルな空間の中だけに留まるということは許されないのである。

しかし、グローバルな空間で活躍する場合であっても、決してローカルな空間から切り離されるわけではない。むしろローカルな空間に自分の拠り所となる豊かな文化的基盤があり、そこにしっかりと自分の足場を築いていることが重要になってくる。

さいわい日本には世界に誇ってよい素晴らしい伝統文化の遺産がある。日本人の持つ誠実性、和の精神、細部にまでこだわる質の高い物づくりの精神、きめ細かいサービス精神、自然との共生精神などは、人類が到達した高い精神性を示すものとして世界に誇ってよい優れた文化である。そうした背景があるからこそ、日本人はグローバルな空間においても高い評価を受け、活躍することができるのだ。

このことは知的創造の世界においても同じである。たとえ共通語としての英語を使っていても、日本人であれば、そのもとになる発想や振る舞いにおいては、おのずから日本人に特有の文化的伝統や精神性が現れてくる。それを通じてグローバル空間における日本の精神文化に対する理解が深まり、その影響を広い範囲にまで及ぼすことにもなる。その意味で、グローバル化は、日本人としての思想文化や価値観を他の国々に広め、それを通じて世界をより豊かで魅力的なものにするチャンスととらえるべきなのだ。多様な文化を背景にした人間同士の交わりを通じて人類の福祉と平和に寄与すること、これこそ二一世紀における日本の国際貢献にほかならない。

英語が共通語だという言い方をすると、普遍的な学問である理工系分野においてはそうかもしれないが、特定の社会に関わる固有の問題を取り扱う人文学・社会科学系では、必ずしも万国共通の言語は必要ではない、という反論も出てくるかもしれない。たしかに人文学・社会科学系の学問は、必ずしも自然科学と同様の意味での普遍性は持たないかもしれない。しかしそうした研究を行っている研究者も、一人の知識人として他の文化圏の人たちと自分の知識や思想文化について語り、人間と社会の在り方について共に考えるという役割を担っているはずだ。そのためにはグローバルな空間にも参加しないわけにはいかないのである。

〈日本人は二つの文化を体験できる〉

二一世紀という時代は、世界を視野に入れた問題意識を持ちながら、未知の学問分野を開拓していく時代と言っていい。そのためには、狭い縦割りの世界に閉じこもっていてはいけない。人と人との交わりを通じて、さまざまな学問分野の知見をつなぎ、横断的な協力関係を築いていくことが重要になってくる。そういうことはローカルな空間に閉じこもっていたのでは不可能なことだ。ローカルな空間とグローバルな空間を往き来しながら、世界を横に結び付けるための架け橋として活躍することが重要になるのだ。そこには多くの困難も待ち受けているだろうが、それだけに挑戦する甲斐もある。これからはそのような広い視野と積極的な行動力を備えた研究者を育てていかなければならない。

これは容易なことではない。しかしグローバル化に対応する必要に迫られて英語をマスターすることで、日本人は単に二つの言語に通じるだけでなく、日本の文化を背景にして異なる文化にも触れ、広い視野を身に付けることもできるようになる。考えてみると、これは、英語圏の人たちに比べると、人間としてより豊かで、より刺激に富み、より充実した生き方を楽しむことができるということではないか。

V　大学は多様な人生設計を可能にしているか

1　万人のための大学

1　一般的学生のための学士課程教育

〈多様な学生のニーズへの対応〉

進学率が五〇％を超えるようになると、大学にはさまざまな学生が入ってくる。大学で何をやりたいか、将来どのような仕事をしたいか、大学に対する期待もさまざまである。大学で何をしたいか自分でもわからないまま入学してくる学生も少なくない。それだけに、多様化する学生のニーズに的確に応えられるような教育機会を提供することが、これからの大学の重要な課題となってくる。

前章までにおいて、高度専門職や研究者の育成といった課題について述べてきたが、それらは必ずしもすべての大学に共通する課題というわけではない。すべての学生が高度専門職や研究者の道を選択する必要はまったくないし、そのようなことになったのでは社会が機能しなくなってしまうだろう。世の中には大学院レベルの高い学歴を必要とはしないが、社会にとって欠かせない重要な仕事がたくさん存在する。大学はそういう人材を育てる責務をも負っている。数の上では、その種の人材に対する需要のほうが大きいのだ。

高度専門職や研究者を目指す学生は、現状では大学進学者全体の一割程度に過ぎない。今後は増加することが見込まれるにしても、せいぜい全体の二割程度であろう。ということは、一〇〇校か二〇〇校ぐらいの大学が本気になって取り組めばよい問題とも言える。それ以外の大学、つまりほとんどの大学にとっては、大学教育とは、基本的には学士課程教育のことを意味することになるのだ。そう考えると、多様な学生のニーズに見合った学士課程教育を提供することこそが、すべての大学にとって共通の課題であると言わなければならない。

〈社会人として必要な基本的能力を〉

日本では、大学の専攻と職業選択との間にそれほど強い関連性が見られない。文系、理系という大きな違いを別にすれば、あとは大学で何を専攻しようとも、それによって将来の職業選択が大きく左右されることにはならない。例外は、医療、福祉、看護など、特定の職業に就くための実務的な教育を行う大学である。それを除けば、一般的には、少なくとも学部レベルでは、特定の職種に特化したような専門教育は行われていない。

こうした一般的な学生を受け入れる学部教育中心の大学は、専攻分野では、法学部、経済学部、商学部などをはじめとする人文学・社会科学系が多い。最近では学問分野を横断するような学際的な教育目的を掲げる学部も増えている。いずれにしても、この種の大学では、学部や学科の名称が何であれ、必ずしもその分野の専門家を養成しているわけではない。その意味で普通の大学なのである。

普通の大学の教育としては、あまり狭い専攻分野に特化することなく、広く人文学・社会科学全般について学べるようにし、良き市民あるいは良き社会人として必要な基本的な能力を身に付けさせることを重視すべきであろう。特に、客観的なものの見方、合理的な思考力、倫理的な判断力、コミュニケーション能力などを養うことが重要だ。そのために必要なことは、第Ⅱ章において詳しく述べたものと基本的には同じである。

2　現実を直視できない教員

〈新しい学士課程教育の構築〉

狭い専攻分野に特化することなく、幅広く学べるようにするといっても、それは専門教育がまったく必要ないという意味ではない。ある特定の学問分野について体系的に深く学ぶことは、合理的な思考方法を身に付けるための手段としても大事なことである。しかし普通の大学の学部においては、特定の学問分野の専門家を育てることが目的ではないので、あまりに狭い専門領域に深く入り込む必要はまったくない。主専攻や副専攻などといった形で基本的なことをある程度学べるようにすることで、その目的を十分に達成することができるであろう。

専門知識を深く学ばせるよりは、むしろ協働作業による達成感を味わわせたり、体験活動で新しい発見の喜びを見出させたりしながら、それぞれの授業科目を通じて、学生の思考力を育て、やる気を引き出し、学び方を学び、自分で努力する習慣を身に付けるように仕向けることのほうが重要だ。

そのためにも、知識の伝授を中心とした伝統的な学部教育にとらわれずに、学生の人間的成長を促す魅力ある学士課程教育を構築することが必要になってくる。大学の授業が魅力的であれば、おのずから学生の学習意欲もわいてくる。こうした本質的な取組をおろそかにしたまま、やれ厳密な成績評価だ、GPA（グレードポイントアベレージ）だ、学士力だ、などと騒ぎ立てるのは本末転倒であり、何ら問題の解決にはならない。


〈教員の意識を変える〉


実際に改革を進めるに当たっては、教員の意識をどう変えていくかが重要な課題となる。自分の専門分野にしか関心を示さない教員に対して、自分たちの本当の役割は個々の科目の知識を伝達することでなく、学生の人間的成長を支援することだという意識を持たせる必要があるのだ。

ここに朝から晩まで石材を加工している石工職人が二人いるとして、そのうちの一人は自分の仕事は石を切ることだと考え、もう一人は自分の仕事はある大きな建築物を造ることだと考えているとしよう。二人が実際に行っている作業は同じように見えても、その意識の差は大きい。そしてその意識の差が、実は仕事の成果を左右するのである。

教員の意識を変えるためには、大学が一体となって、組織をあげて個々の授業内容の見直し改善に取り組む体制をつくらなければならない。誰も関心を示さないような瑣末なテーマを取り上げたり、熱意が伝わらないような話し方をしたりしたのでは、学生から見放されてしまう。学生の心をつかむような授業を展開することを心がけるべきなのだ。いったん学生の心に火をつけることができれば、あとは本人が自分の力で歩き始めるだろう。

常に厳しい評価を受けている予備校の教師は教え方が上手いが、予備校にできることが大学にできないはずはない。それができるか否か、それは個々の教員の意識と、学長はじめトップのリーダーシップにかかっている。私学の場合は理事長の見識にすべてがかかっているといっても差し支えないだろう。

〈成功するトップと失敗するトップ〉

経営トップにやる気がなければ大学の改革は何も進まない。だが、いくらやる気があっても、マネジメントの方法を間違えると結果が伴わない。成功するトップと、失敗するトップの違いはどこにあるのだろうか。

トップにとって重要なことは、第一に現状の問題点を正しく認識することであり、第二に適切な改革戦略を立てることであり、第三に戦略に沿って改革を実行することである。この三つのそれぞれの段階において、成功するトップと失敗するトップの違いが出てくる。

第一の問題の認識に関しては、成功するトップは、学内外の情報を組織的に収集し分析する体制をつくっている。これに対して、特定の人物の情報だけに頼るようなトップでは、重要なところで判断を誤ることになるだけでなく、組織内に疑心暗鬼を生じさせ、モラルの低下をもたらすことになるだろう。なお、現状認識の中でも今日特に重要性を増してきたのが、財務状況である。これからの時代には、財務諸表を理解できないようなトップでは、安心して大学経営を任せるわけにはいかないであろう。

第二の戦略の立案に関しては、成功するトップは、教職員全員で問題意識を共有することを最優先し、そのうえで全学に開放された透明性の高い検討委員会を設けて、学内の知恵を総動員して改革の戦略を立てるようにしている。キーワードは透明性である。これに対して、典型的な失敗例としては、トップが内輪の閉鎖的なグループ内だけで戦略を立て、その方向に学内を強引に引っ張っていこうとするやり方である。このやり方では組織の構成員に危機意識が共有されていないため、みんなそっぽを向いてしまい、誰からも必要な協力が得られないことになる。

特に経営状況については、一般的な大学の教員はほとんど知らないし、したがって危機意識を持つこともできない。危機意識を持たない教員たちに対して、トップがどんなに立派な改革案を示したとしても、教員たちにはその必要性を理解できない。理解できないどころか、かえって反発を買うだけで、誰も協力する気にはならないだろう。トップのなすべきことは、まず組織の構成員に危機意識を共有させることでなければならないのだ。

大学の最大の危機は財務状況に現れる。したがって、財務諸表を通じて経営の実態をきちんと説明し、将来の破局を回避するために今自分たちが何をしなければならないかを考えさせることは、特に重要だ。その場合、経営トップが、直接自分の言葉で、すべての教員に対して大学経営の現状について語る必要がある。それによって信頼関係が成立し、信頼関係が成り立ってはじめて危機感を共有することも可能になるのだ。

第三の改革の実行に関しては、優れたトップは、全学的な議論を経て作成された改革戦略に沿って、全学的な参加体制に基づく具体的な取組を、ロードマップに従って着実に実施している。これに対して、第二段階で失敗した大学においては、どんなに立派な戦略が出来上がっていたとしても、学内の協力体制が整わず、具体的な行動に移すことができないまま時間だけは過ぎてしまうことが多い。

大学においてはボトムアップによる改革はほとんど期待できない。トップダウンが必要だ。小規模の大学であれば、トップダウンで強引に改革を進めるほうが、早く結果が表れる。しかしその反面、大きな改革であればあるほど、組織の抵抗も強く、いざ実行に移すとなるとなかなか思うようにはいかず、途中で頓挫してしまうことも少なくない。

実際に成功している大学経営を見ると、トップダウンでもなく、ボトムアップでもなく、両者をサイクルとして回していくことで改革がうまく進んでいくことが多いようだ。それには多少時間はかかるかもしれないが、長い目で見れば結局はそのほうが効率的ということになるのだろう。「急がば回れ」である。こうしたやり方がうまく機能するためには、経営トップが閉鎖的あるいは権威主義的であってはならない。開放的で誰とでも対等に自由にコミュニケーションができる体制になっていることが重要な要素である。

2　多様なニーズへの対応

1　学生のニーズに対応した学習機会の提供

〈大学の機能分化〉

大学進学率の上昇と、それに伴う学生の多様化は、必然的に大学の多様化をもたらした。今日、日本の大学は制度的には同じ大学と称してはいても、その実態は極めて多種多様で、それらを同じ大学として一括りにしてしまうのはあまりに非現実的に過ぎる。

戦後の大学行政の流れの中では、大学を種別化してそれぞれの振興策を講じるべきだとの提言が繰り返し行われてきた。一九七一（昭和四六）年の中央教育審議会答申はその集大成でもあった。だがそれも大学側の強い反対にあって実現できなかった。大学がどれほど政府の介入を嫌い、それに激しく抵抗したことか。当時の日本全体を覆っていた反体制的な風潮というものは、今の若い人たちにはとても想像できないだろう。だがその結果として、我が国の大学制度は、今日のように混沌としか言いようのない様相を呈することになったのである。

時代は下り、二〇〇五（平成一七）年一月に、中央教育審議会答申「我が国の高等教育の将来像」

は、大学は、①世界的研究・教育拠点、②高度専門職業人養成、③幅広い職業人養成、④総合的教養教育、⑤特定の専門的分野（芸術、体育等）の教育・研究、⑥地域の生涯学習機会の拠点、⑦社会貢献機能（地域貢献、産学官連携、国際交流等）の七つの機能を持つべきことを示し、個々の大学がそのうちのどの機能をどの程度に併せ持つかは、それぞれの大学が自ら選択すべきものであるとした。大学自身の選択による機能分化という考え方が示されたことになる。

現在、文部科学省は、この考え方に沿って大学の機能分化を進めているように見える。すでに公・私立大学においては、近年、看護・福祉系の大学が増えてきたし、中には大学というよりも専門学校に近い大学も見られる。その意味では、すでに実質的な種別化が進行しているとも言える。今後はそれがさらに進展していくにちがいない。

このような高等教育の多様化は、高等教育の就学率の上昇に伴って、どこの国でも起きうる現象である。

かつてアメリカの教育学者マーチン・トロウは、進学率が一五％以下の時代にはエリート階層の子弟しか大学に進学しないが、進学率が一五―五〇％になると大学の大衆化が進んでマス型の段階を迎え、さらに五〇％を超えると大学は誰もが学べるユニバーサルアクセス型の段階に入るとして、それぞれの段階の大学が持つことになる特徴について述べた。日本の大学進学率はすでに五〇％を超えているので、まさにトロウの言うユニバーサルアクセス型の段階に入っていることになる。

ユニバーサルアクセス型の段階に入った時、旧来のエリート主義的な大学制度を温存しながら、それとは別に高等教育機関を種別化していくのか。あるいは、大学という枠組の中で、多様な教育機関がさまざまな機能を分担していくのか。その選択はそれぞれの国の国情に応じて、国民の意思を反映した形で行うしかない。

日本の場合は、過去半世紀あまりの間に、なし崩し的にではあるが、後者の道を選択するという事実上の意思決定をしてきたといってよい。つまり、制度的には大学という枠組の中での機能の多様化を選択してきたのである。

その結果、いろいろな問題が生じてきた。ひとつは、進学率の上昇に伴って、学力が低く、学習意欲も乏しく、明らかに伝統的な大学教育には向かないと思われる学生が増加していることである。もうひとつは、それにもかかわらず、大学側が大学という伝統的な枠組にとらわれるあまり、そのような新しい学生のニーズに十分に応えていないことである。

〈学力低下の問題点〉

大学生の学力が低下していることは以前から指摘されていた。それは日本人の学力が低下していることでもあると一般的には受け止められている。近年は、ＯＥＣＤの実施するＰＩＳＡ（Programme for International Student Assessment）と呼ばれる高校一年生を対象にした国際学習到達度調査で、日本の成績が低下していることがマスコミでも大きく報じられ、それが日本人の学力低下論をさらに助長している。

ところが、データで見る限り、日本人の学力そのものが低下していることを裏づける明確な材料は見当たらないようだ。にもかかわらず、感覚的にはほとんどの大学教員が、大学生の学力が低下したと感じている。なぜ彼らはそう感じるのだろうか。

その鍵は少子化にあると考えられる。第二次ベビーブーマーが一八歳になった一九九二(平成四)年、一八歳人口は二〇五万人に達した。それが二〇〇九(平成二一)年には一二一万人にまで減少した。この間に大学進学率は二六%から五〇%に上昇している。受験年齢層の人口が減れば、大学の入学者数が一定であっても、進学率が上昇し、以前よりは偏差値の低い生徒でも大学に入れるようになる。実際には大学の入学者数は五四万人から六一万人に増えたので、進学率はもっと上昇して五〇%を超え、偏差値はさらに低下することになったのだ。その結果、全体として大学生の学力が低下することは避けられない。その変化は、底辺の大学だけでなく、すべての大学において顕著に現れることになる。

さらに大学で教鞭をとる教員にとっては、学生の学力低下は実際以上に大きく映ることも考えられる。なぜなら、現在の大学教員はこのような学力低下が指摘される前に大学で学んだ人たちであり、しかも彼らが学んだ大学はかなりレベルの高い大学であったはずだからだ。彼らが、自分が知っているはずの「かつての」大学生像と「現在教えている」大学生像との間に大きな落差があると感じたとしても何も不思議ではない。

いずれにしても、伝統的な大学生像には当てはまらないような学生が増加していることは間違いない。そしてそのことが、多くの大学で実際に行われている教育との間のミスマッチを引き起こしていることも否定できない。この問題に対処するにはどうすればよいのか。

進学率が上昇して大学生が多様化したということは、以前ならば高校を卒業して就職していたはずの若者たちが、今や大学生になっているということなのだ。そういう学生に対して、大学はかくあるべしといった伝統的な大学観を押し付けてもうまくいかないことは明らかである。だからこそ、大学が多過ぎるという見方も出てくるのだが、しかし、今日の日本では高卒の就職口はますます狭くなっている。大学に進学することで、少なくとも国民全体の資質の向上には役立っているのであり、彼らの大学進学を責めることはできない。問題は、彼らを受け入れた大学側が、学生のニーズに見合った教育を提供しているかどうかということである。

これに対して、大学側、特に教員たちは、大学である以上は一般教育や専門教育の科目をしっかり教えなければならないし、そうしていればよいと思い込んでしまう。その結果、学生たちの興味・関心や能力を無視して、古い大学教育を一方的に押し付けてしまうことになりがちだ。自分たちの教育が学生のニーズに応えていないことへの反省を棚に上げて、「最近は学生の質が低下した」と嘆いてみても、それだけでは問題の解決にはならない。

こうした対応を続けていると、大学生の学力低下だけでなく、大学の定員割れが激化するだけだろう。すでに私立大学の四七%、短大では六九%が、定員割れを起こしている。こうした状況が続くと、一方では、大学の質的水準の低下、定員割れ、閉校が進行し、他方では、低学力学生の卒業後の進路が確保できないということになる。それは誰にとっても不幸なことだ。

〈大学の対応〉

現状では大学自身が時代の変化に対応できていない。大学としては、入学定員を満たそうとしてどんな学生でも受け入れるが、いったん入学させると、相変わらず昔ながらの講義中心の大学教育を行っている。学生が変化したのにもかかわらず、自分たちは変化しないでいる。だがそれでは学生は大学の授業に魅力を感じることができない。

現実には、そのような大学であればあるほど、必死になって学生集めの努力をしなければならない。しかし、学生のニーズに合わない教育をするために学生を集め、まともな就職口さえ見つけられないようでは、すでに大学としての機能を喪失している。そのような大学は、酷な言い方にはなるが、自らの存続自体が社会に害悪を及ぼしているということを自覚しなければならない時代を迎えているのだ。学生が変化したのであれば、大学もそれに合わせて変化しなければならないのである。

具体的な取組の例としては、たとえば初年次教育を通じて、学生たちに、大学は高校とは違って自ら能動的に学習する場であることを自覚させることも大事だ。文献探索方法、ノートの取り方、レポートの書き方などの基本的な学習スキルを身に付けさせる取組を始めている大学も増えている。また初年次からゼミナール形式の授業を設けて、少人数グループによる濃密な人間関係の中で、学生が能動的な学習態度を体得できるように工夫をこらしている大学もある。

こうした取組は、いずれも「学び方を学ぶ」ための基本的な学習として重要な取組と言える。それによって学習意欲を喚起する効果も期待できる。そのような工夫をしないまま、ただ出席をとったり、厳格な成績評価を行ったりするのは、大学としてあまりに安易で無責任な対応というほかない。大学の主役は学生である。学生が興味関心を持って取り組めるような授業を展開することが、大学にとって何よりも重要な責務である。そのためにも、大学としては、ゼミ形式を取り入れた初年次教育を必修科目として導入することを積極的に考える必要がある。

その際、すべての教員が参加して初年次教育の責任を分担することを基本にすべきだ。それと並行して、ＦＤ活動の充実を図ることはもちろんのこと、その一環として個々の授業の様子をモニターし、より効果的な授業形態の実現に結び付けていくなど、大学全体としての組織的な取組が必要であろう。もちろん、初年次教育を充実することだけで、学生のニーズに応えていると考えてはいけない。それに留まらず、大学のカリキュラムそのものを見直し、学生の卒業後の進路選択を容易にするような教育内容を実践することが不可欠になってくる。

2　学生に居場所と役割を

〈自分の存在を認めてもらいたい学生〉

多様な学生のニーズという視点に立つ時、学力低下の問題は別の様相を呈してくるようにも思われる。それは偏差値の高くない学生の問題点は、必ずしも学力が低いことではないということである。

進学率が五割を超えている中で、少子化の時代を迎えて、今や大学は誰でも入学できるものになった。厳しい入学試験を突破しなければならないのは、一部の難関大学への進学だけであり、それを除けば、高校生は厳しい受験勉強を強いられることもなくなった。その結果、特に偏差値の高くない学生の多くに共通するのは、高校卒業までに受験競争からほとんど脱落しているということである。そうかといって高校生活においては学力以外の要素で評価されることもない。そのため、周囲から注目もされず、期待もされず、褒められたこともなく、自分に対して自信も誇りも持てなく、自ら進んで何かを学ぼうとする意欲もない、そんな若者が増えている。そして、そのような若者が大学に入ってくるのだ。

そのような学生たちにとっては、せっかく大学に入ったのにまた高校と同じように学力競争に参加させられたりしたのでは、偏差値の高い学生にとてもかなわない。やる気が出てくるはずもない。彼らには古い大学教育を押し付けてもうまくいかない。彼らのニーズに合った新しい教育を提供しない限り、何事も始まらないのである。

彼らのニーズとは一体何か。それは何よりもまず自分の存在を認めてもらうことである。自分にも役割があるということを実感できることである。自分が必要とされていると思えることである。したがって、彼らに自分の居場所と役割を与え、その役割を果たすことを通じて感動を体験させること、それが一番重要なことなのだ。それを行うのが彼らを受け入れた大学側の責務でなければならない。

〈理論よりも実践〉

では具体的にはどのような教育を行えばよいのか。それに対する答えは単純なものではないし、大学の置かれた状況によっても異なってくるであろう。唯一共通するのは、どのような取組が有効かを考え、それ実行するためには、すべての教員が知恵を出して汗を流さなければならないということであろう。楽な解決方法など存在しないのである。

しかし一般的に言えば、こうした学生に対して、従来の伝統的な大学教育を押し付けても効果がないことだけは確かだ。前に述べたような初年次教育や初年次ゼミの導入は必要なことだが、そうした授業形態の工夫だけでなく、さらにもう一歩踏み込んだ取組が必要になってくるだろう。それは、これまでの伝統的な発想を捨てて、将来の職業選択に対する意識を高めるとともに、実用的な知識・技術を中心にした新しいプログラムを創造することであろう。

かつては、職業生活に必要な知識や技術は、企業などに就職してから身に付けるものだった。だが厳しい競争下に置かれている企業には、もはやその余裕がなくなっている。職業準備は企業の責任とばかり言っていられない時代になった。そうである以上、彼らを一人前の社会人として送り出すのは、大学側の仕事でなければならない。大学は彼らのために、抽象的な理論を教えるよりも、さまざまな体験活動や実験実習を重視した教育プログラムを用意する必要がある。企業でのインターンシップを組み込んだ授業なども有効な役割を果たすであろう。教員についても、実務に詳しい人が指導できるような体制が必要になってくる。そうなると、果たしてそのような教育が既存の大学という枠の中で可能であるかどうかという問題も出てくる。この点についてはまた後ほど触れることにしたい。

〈ミュージカルによる感動体験〉

学生の居場所と役割と言えば、私が学長をしていた北海道の短大では、ある熱心な教員の指導の下で、二五年以上も前から毎年、保育専攻の学生を中心に学生によるミュージカルを実施し、市のホールで公演することを続けている。脚本、演出、音楽は本学の教員たちによるオリジナル作品で、あとは企画運営から、キャストをはじめ大道具、小道具、衣装、メイク、音楽、舞台監督、渉外、広報にいたるまで、すべての活動が学生たちの手によって運営されるのが特色だ。

保育科の学生だから将来の進路についての目的意識ははっきりしているが、しかし偏差値は必ずしも高いわけではない。そのような総勢一〇〇人を超える素人学生が、四カ月間にわたって、汗と涙で試行錯誤を繰り返しながら、いろいろな役割を分担しあい、どんな小さな仕事でもそれが欠けたら大きな作品が出来上がらないことを学んでいくのだ。それを通じて、学生たちは自分に課せられた任務の重要性に目覚め、他人に感謝することを学び、人間として大きく成長していく。こうした姿を目の当たりにする時、若い学生たちの持つ限りない可能性に驚かされるとともに、「感動体験こそ教育の原点」ということを改めて思い知らされる。

最初は課外活動から始まった学生ミュージカルだが、参加する学生の成長ぶりを観察するうちに、この活動が幼児教育者としての実践力育成や人間教育面に重要な意味を持つことが明らかになってきた。そのため、今ではこれを保育科の正規の教育課程に位置づけて、総合芸術科目として単位を認定するだけでなく、この活動をベースに学生の表現力を高めるための新しい保育科の教育課程を全国に先駆けて開発し、実践力に富んだ保育士の養成に成果を挙げており、ありがたいことに、卒業生に対する保育園はじめ学外からの評価も高まっている。保育科だけでなく他の学科の学生も自主的に参加できるようになっていることで、学内における学生間の絆を強めることにも役立っている。

こうした取組において学生の成長のカギを握るのは、やはり教員の指導力である。特に重要なことは、学生たちの自発性を引き出すための忍耐力、「待つ力」であるようだ。

もう五、六年前になるが、この学生ミュージカルが大きな危機に直面したことがある。二年次の学生がミュージカルへの参加を躊躇するようになったのだ。一年目は必死に取り組んで大きな満足感を味わったものの、二年目もまた四カ月間にわたり、週末も含めて夜遅くまで練習に追われて自由時間もない状態では、就職活動の時間も十分に取れないし、短大生としての最後の学生生活を楽しむ時間もないといった理由からであった。学生たちの気持ちはよく理解できる。しかし練習時間を減らしたりすれば、市民ホールでの公演に堪えられる内容を維持できるかどうか自信を持てない。教員たちは対応策をめぐって激論を交わし、悩んだ末、ついに、質的水準の低下を覚悟の上で、夜の練習は七時で打ち切りにし、週末の練習もやめるという結論を出した。それによって、それまで四〇〇時間に及んでいた活動時間は三〇〇時間に短縮されることになった。いざ練習が始まると、学生たちを見守る教員たちの不安は募るばかりであった。ところがそうこうするうちに、はじめのうちは呑気に構えていた学生たち自身が、このままでは大変なことになると心配しはじめたのである。自分たち一人ひとりが真剣に考えて積極的に行動しない限り、何事も進展しないということを思い知ったのだ。ひとたびその意識が芽生えると、学生たちの眼差しは変化し、行動が機敏になり、作業に対する集中力が一気に増すようになってきた。その結果、最後の公演は例年にも増して素晴らしい出来栄えとなって観客に感動を与え、学生たちもそれまでの苦労と引き換えに、最高の達成感を味わうことができたのであった。

この出来事を通じて、教員たちは、限られた時間内での効率的な指導方法を工夫改善することの重要性を認識することになった。合理性を無視した頑張り精神だけでは、ある一定レベルまでの教育効果は期待できても、それ以上のレベルに到達することはできない。それ以上を望むならば、学生自身の主体性を重んじ、それを引き出すための教育方法が必要になってくるということを学んだのであった。

〈「啐啄同時」〉

私自身は、この出来事を通じて、「啐啄《そったく》同時」が教育の要諦であることを改めて強く認識させられることになった。鶏の卵がかえる時、殻の中で雛が内側からつつくのと、母鶏が外から殻をかみ破るのが同時に起きる。それを「啐啄同時」と称して、古くから教育の理想的な姿を示すものとされてきた。それがミュージカル活動において見事に実証されたのである。教員の「主体的に待つ力」と言ってもよいであろう。このことは口で言うのは簡単だが、いざ実行しようとするとなかなか難しい。日頃から師弟間によほどの強い信頼の絆が築かれていなければ、うまくいかないものである。

最近の若者は、小さいころから仲間と一緒になって身体を使った体験活動をする機会が減っている。また、少子化、核家族化が進んだこともあって、人間関係そのものが希薄になってきている。そうした中で、自分の思いをきちんと相手に伝えたり、相手の気持ちを理解したりすることが苦手な学生も増えている。しかし、そういう学生たちも、機会さえ与えられれば、そして良き指導者に恵まれれば、まるで別人のように大きな変化を遂げることができる。そのことをこの短大での実践が証明してくれている。

ただし、こうした取組は一人の教員の熱意だけでは実現できるものではない。専任、非常勤を問わず、学科の授業を担当するすべての教員が、その使命を自覚し、連携協力しあう体制が出来上がっていなければならない。そのためには、大学の教育理念を十分に理解し、学生指導に情熱を燃やしてくれる教員を確保することから始まり、すべての教員の間で、日常的に情報を交換しあい、悩みを分かちあい、問題点を確認しあい、解決策を模索しあうことができるような、信頼と協力の関係を作り上げることが何よりも重要である。さらに他学科の教員や事務職員も積極的に関わって、全学的な支援体制を構築することも欠かせない。その際に求められるのは、単なるトップダウンでもなければ、ボトムアップでもない。重要なのは、それぞれの立場における使命感に基づいた相互の信頼関係と、教育理念の共有である。

3　学生の個人差への対応

〈一人ひとりのニーズに応える〉

多様化の現象は、同一の大学の中においても学生の興味・関心の多様化という形で現れてくる。とりわけ重要な変化をもたらすのは社会人学生の入学である。生涯学習が叫ばれ、元気な長寿者が増えていることを考えると、これからは大学を生涯学習の場として有効に活用することがますます重要な課題となってくるだろう。

私の勤務した短大においても、二一世紀の農業者育成を目指す環境農学科に、地元の自治体の支援も得て、毎年二〇名近い社会人学生を受け入れていた。若い学生と一緒に机を並べての授業ではつらい思いもするが、彼らの学習意欲は高く、教室には活気がみなぎる。中には農業の実践者もいたりするので、若い教員にとっては緊張する場面がある一方で、逆に彼らの実践経験が授業内容をより豊かなものにしてくれている。さらに、いったん授業が終わると、彼らが若い学生に対する人生の相談役を演じることがあり、おかげで学内の雰囲気がとても明るくなるという思いがけない効果も生み出している。

別の学科では、中国などからの留学生を大勢受け入れているが、みんな勉強熱心である。彼らのために市民のボランティアによる課外の日本語講座が開かれるなど、地域ぐるみで学生たちを歓迎し、支援する体制ができていることが、留学生たちにとっての大きな励みにもなっているようだ。

こうした多様な学生を受け入れることは、若い日本人学生に対する学習環境を豊かなものにするという点でもメリットが大きい。だがそのためには、個々人の都合に合わせてきめ細かな対応をすることが必要になってくる。そのための具体的な取組として、たとえば、個人ベースの学習を支援するために、情報技術を用いたeラーニングの活用なども図る必要があるだろう。それには個々の教員の努力だけでは不十分だ。教員間の専門分野の壁を超えた横断的な協力体制が不可欠である。それだけにトップが教員の人事にも一定の権限を行使して学内をとりまとめ、リーダーシップを発揮できる体制を確立することが重要になってくる。

外国語学習については、とりわけ新しい発想が必要だ。国際化が進み、外国生活を体験した学生も増えている今日、大学生ともなれば外国語の能力差は大きい。はじめから英語ができる人もいればそうでない人もいる。そういう学生たちに対して、能力差を無視して同じ教室で授業を行ったりしては、学生が可哀そうだ。外国語は実際に使えるようにならなければ学んだ意味がない。具体的な達成目標を設定して、個人個人の能力に応じたきめ細かい効率的な学習方法を工夫する必要がある。

とはいえ、少人数クラスで語学教育を実践するには、特定の時間帯に大勢の教員が必要になってくるため専任教員だけでは対応できない。そのため他大学の教員を非常勤講師として採用するのは、教員にとっては都合のよいことかもしれないが、優れた語学教師がそう大勢いるわけではない。集中的な語学訓練の授業にはその道のプロの手を借りるという手もある。都市部であれば、外部の語学教育専門機関との連携によって教育効果を高めることも有効な方法である。

〈インターネットの活用〉

インターネットの活用も大きな可能性を秘めている。生涯学習ニーズに対応するためには特に重要なことだ。マサチューセッツ工科大学（ＭＩＴ）はほとんどすべての授業科目の詳細なシラバス、講義ノート、教材、試験問題などをウェブ上で公開している。一部の基礎科目については、講義そのものを音声あるいはビデオに収録して公開している。そのほかにも、特定のテーマに沿った講演シリーズをウェブ上に公開している大学は、アメリカやイギリスでは数え切れないほど多い。これらを通じて、世界中の誰もが、どこでも、居ながらにして一流の学者の講義を聴くことができる時代になっているのだ。パソコンや電子書籍端末から誰でも簡単に利用できるし、しかも無料である。日本では東京大学などが実施している。

もっとも日本人学生にとっては、英語の教材を誰もが容易に利用できるわけではない。しかし、意欲のある学生ならば挑戦してみる価値が十分にある。

それ以上に有効と思われるのは、これらの教材を一般の大学教員が自分の授業で参考教材として活用することである。それによって授業の質を高めることは十分に可能だ。国内外の一流の学者による講義を聴講するだけでなく、それをもとに、担当教員の指導により、学生同士の議論にまで発展させるといった授業を展開することもできるだろう。

日本には放送大学があるが、残念ながらテレビとラジオの放送だけであり、誰もがいつでもどこでも聴講できるようにはなっていない。今後の生涯学習機関としての大学の機能を強化するうえで、インターネットの活用は無視できない。これからの大学はもっと積極的に情報技術の発達による恩恵を活用すべきだ。それによって質の高い生涯学習の可能性が拡大していくことになる。

〈経済的支援〉

学生の経済的格差への対応も重要だ。日本の大学制度は基本的には平等を建前とした制度になっているが、現実には底辺に対してあまり救いのない制度でもある。なぜなら、アメリカのコミュニティカレッジのように経済的な負担の少ない形で誰もが学べるような高等教育機関が存在しないため、経済的に恵まれない人に対しては、大学進学の機会が平等に与えられているとは言えないからだ。そこに日本の社会の平等感覚の矛盾が見られる。

学生の経済負担を軽減するためには、奨学金の拡充、学費の免除といった対応が必要になる。その財源を確保するためには、私学助成金の拡充や、寄付金の募集、自治体からの協力などが必要になってくる。東京大学のように、親の年収が一定水準以下の学生には授業料を免除するといった方法もある。

生涯学習の推進という観点からは、地方の大学・短大における授業料の負担を軽減することが重要な課題となる。そのためには、国の支援策に頼るだけでなく、地方自治体と地元の大学・短大の連携協力によって、さまざまな方策を検討することが必要になってくる。

私学助成金制度を拡充することは、学生支援の観点からも、国立と私立間の格差是正という観点からも、重要なことだ。だが、現在のように大学に対して補助するという方式は見直す必要があるだろう。なぜなら、公的補助を直接大学に対して行う方式では、学生の側が大学を自由に選べないからである。それよりも、学習機会を選択する学生に対して直接的に奨学資金を提供するほうが、学生自身が大学を自由に選択できるという点で望ましい。生涯学習のための自治体からの財政的支援についても同様のことが言える。

ここに述べたことは、伝統的な大学で学ぶ学生に対する経済的な支援策についてであるが、そのような方策だけでは不十分だ。なぜなら、現在の大学教育にはあまりにお金がかかり過ぎるからだ。この問題を解決するには、さきに述べたようなインターネットの活用による経済効率の高い学習形態を模索することが必要になってくる。進学率が五割も超えている時だけに、なおさら、そのような新しい学びの形態を広げることが必要だ。

ウェブ上の講義を活用すれば、わざわざ大学に足を運ばなくても、いつでもどこでも学習者の都合に合わせて、質の高い大学教育を受けることが可能になる。その成果を正規の大学教育として認められるようにするには、単に講義内容をウェブ上で体系的に提供するだけでなく、試験やレポートに基づいてウェブ学習の成果をきちんと認定する仕組みを整えることが必要になってくる。そうしたノウハウはすでに放送大学においては十分に蓄積されているはずである。

生涯学習が唱えられながら、実際にはなかなか社会人の大学進学が増えないのは、授業料の負担が重いからであろう。ここでも、我々は「大学に通う」という考え方にとらわれ過ぎてしまっている。いつまでも伝統的な大学教育の形にこだわらないで、情報化時代に相応しい新しい技術を活かした学習形態と学習内容について研究することが必要になっていると思う。

4　職業教育の充実

〈大学における実務教育の意味〉

画一的な大学制度の下で軽視され、ある意味ではその犠牲にもなっている教育がある。それは卒業後すぐに役立つような実践的な知識や技術を身に付けるための教育である。こうした教育は、これまで述べてきたような大学院レベルで養成する高度専門職とは違うし、幅広い専門の基礎や教養を身に付けて学部を卒業して一般企業に採用されるサラリーマンの養成とも違う。さまざまな分野の職業に就くために必要となる基本的な知識、技術、資格を身に付けるための、実務を重視した教育である。その種の大学には専門学校などから昇格したものも多い。

こうした実務教育を行う大学は、実験実習あるいは体験学習を基本にしながら、将来の職業に必要な基本的な知識や技術をしっかりと身に付けさせなければならない。とはいえ、卒業後すぐに役立つような狭い範囲の実務知識だけではすぐに役に立たなくなってしまうし、それだけを教えていたのでは職業訓練機関と変わらないことにもなってしまう。大学であるからには、実務的知識・技術の基礎となっている理論、あるいはそれを支える幅広い知識やものの見方などを身に付けさせることも重要な課題だ。

だが限られた時間の中で、この実務と学理の教育を両立させることは容易なことではない。伝統的な大学教育の基準を当てはめようとし過ぎると、実務の教育がおろそかになってしまい、卒業後に必要となる知識や技術をしっかりと身に付けさせることは難しい。ましてや抽象的な学問理論の講義では、学生は退屈するだけだ。それよりは、実験実習などを中心に、身体を使って徹底的に技術を覚え込ませることのほうがよほど重要である。教える教員も現場経験の豊富な人を招いて、机上の空論ではない実践的な問題解決方法について指導できるようにすべきだ。企業と連携して組織的なインターンシップをカリキュラムに組み込むことも重要であろう。

〈既成の大学概念にとらわれない教育〉

実際にそうした取組を進めている熱心な教員もいる。他方で、画一的な大学設置基準に忠実に従って、抽象的な学問理論や概論中心の授業を行うのが大学教育だと思い込んでいる教員も少なくない。それでは質の高い効果的な職業教育は望めないし、卒業後の職業生活にも役に立たないだろう。実務を重視する大学をこのジレンマから解き放つ必要がある。

伝統的な大学観からすれば、実務教育を行うのは専門学校や職業学校の役割で、大学教育ではないと言われるかもしれない。しかし戦後の日本においては、大学そのものが多種多様化し、高等教育機関に求められるほとんどすべての機能を大学が一手に引き受ける仕組みが出来上がってしまった。そのため、本来ならば大学教育を受けるよりは、卒業後すぐに役立つ知識や技術を身に付けたほうがよいと思われる若者までが大学に進学するようになってしまった。

大学進学率が上昇したということは、単純に大学教育が普及したということではなく、伝統的な大学教育では対応できない学生が増えたということを意味している。大学の大衆化を今さら逆戻りさせることができないとすれば、既成の大学概念にとらわれずに、実務的な基礎知識や能力を身に付けさせることを教育目的に掲げる大学が存在してもよい。これだけ学生が多様化したのだから、すべての学生に伝統的な大学教育を提供することは間違いだと考えるべきなのだ。

〈設置基準を複数化すべし〉

大学というシステムを画一的なものにしているのは、大学という呼称を定めている学校教育法よりも、むしろ文部科学省の大学設置基準のほうである。設置基準はこれまでも時代の変化に合わせて相当緩和されてきたが、それでも、ひとつの基準ですべての大学を一律に縛っていることには変わりがない。ではもっと緩めたらいいのかというと、あまり緩めてしまっては設置基準としての意味がなくなってしまう。

ではどうすればよいのか。この際、大学とは別の設置基準を設けて、それに基づく新たな高等教育機関を創設することを考えるべきではないか。新しい種類の高等教育機関を設けることで、日本の高等教育制度が、全体として、多様な学習ニーズに対して的確かつ効率的に対応できるようになる。そのような大学が実現すれば、大学生の学力低下、大学には向かない学生の増加といった問題の解決にもつながるのではないか。

だがこれはそう単純なことではない。なぜなら、現実には、ひとつの大学の中にアカデミックな教育と実学教育の両面を備えている大学が少なくないからだ。この現状を踏まえると、実学を目的とする大学を、従来の大学から完全に切り離して別の学校種にするという案は現実的ではないかもしれない。それならば、同じ大学の中に異なった基準に基づく課程を併設できるようにするのもひとつの方法ではある。ここではそのような可能性も含めて、新しい実学重視の教育課程をとりあえず職業大学と呼んでおくことにしよう。

〈職業大学の創設〉

新たな職業大学が誕生すれば、現在の大学あるいは短期大学の中から、新しい職業大学に生まれ変わるところも出てくるだろう。現在の専修学校から職業大学に昇格するところも出てくるだろう。学力低下や定員割れに悩んでいる大学には、このまま自然淘汰されるか、あるいは職業大学として生き残るかといった選択肢が残されることになる。職業大学の修業年限は四年である必要はない。二―三年の短期で卒業できる大学、あるいはそのような課程があってもよい。そうすれば多くの短期大学や専門学校が新しい職業大学の枠内で発展していくことが可能になる。

最近になって中央教育審議会も、職業大学を創設するとの方針を打ち出しているようだ。新しい種類の職業大学を設けることは、時代のニーズにも合致している。ただし、それが専修学校の昇格としてとらえられてしまうと、単に専修学校の名称を変更しただけに過ぎなくなる。あくまでも新しい種類の大学課程として位置づけ、そこには専修学校はもとより、大学や短大も含めて、教育目的を同じくする既存の学校種が積極的に参加したくなるような、魅力ある制度設計を行うことが何より重要だ。

そうした考え方に沿って新しい職業大学が設置されるならば、現在のように無秩序に膨張してしまった大学制度に一定の秩序をもたらすことにもなりうる。また、一部の大学や短大、専修学校にとっては、現在以上に学生や社会のニーズに合致した実践的な教育を提供することが制度的に可能になる。さらに、専修学校の大学昇格願望にも応えるものとなりうる。その成否の鍵は、どれだけ社会的認知度の高い学校種（あるいは課程）を創り上げることができるかにかかってくる。

3　画一化を排する覚悟

1　画一化をもたらしかねない大学行政

〈大学の多様化と質の保証〉

日本のように多様性に富んだ大学制度を選択した場合に直面するのは、大学教育の質をどのようにして保証するかという問題である。

大学の質を保証する制度としては、長い間、文部科学省が制定する大学設置基準しか存在しなかった。ところが大学の規制緩和の流れに沿って、その設置基準が徐々に緩和され、その結果、設置基準だけでは大学の質を維持することが難しいと考えられるようになった。そこで新たに導入されたのが評価という概念である。

大学に評価制度がはじめて導入されたのは、一九九一（平成三）年の大学設置基準改正の時だった。当初は、自己点検・評価を行うことが努力目標とされたが、そのうちに努力目標から義務へと変わり、さらに自己点検・評価から第三者評価へと進展し、二〇〇二（平成一四）年には認証評価という制度が発足することになった。これにより、すべての大学・短大は七年に一度、文部科学大臣が認証した評価機関の評価を受けなければならないことになった。

しかし、どのような評価システムができたとしても、最終的に大学の教育研究の質を向上させることができるのは、評価機関ではなく、大学自身である。個々の大学が主体性を発揮して、自らの責任において取り組まない限り、大学の質の向上はありえないということを忘れてはならない。もうひとつ重要なことは、各大学が提供する教育サービスの内容や水準は、大学によって異なっていて当然だということである。大学というシステムは複雑かつ多様である。それをひとつの均質な集団であるかのように扱ってはならないのである。したがって、認証評価はもちろんのこと、あらゆる評価において、こうした大学の多様性を最大限に尊重する配慮が必要になってくる。

〈学士力?〉

他方、政府の行政は、本来的に画一化に向かう傾向を内蔵している。近年、社会人として必要な基礎的な知識や能力を欠いたまま卒業していく大学生が増えていることが指摘され、それに対して文部科学省は、「学士力」という概念を持ち出して教育の質の保証を図ろうとしている。学士に求められる最低水準の能力とは何を指すのかよくわからないが、もしもそれがある一定の基準を設けて、それをすべての大学に当てはめるという趣旨だとすれば問題が多い。なぜなら、それでは大学の持つ多様性を無視し、むしろ画一性を持ち込むことになってしまう恐れがあるからである。

特に疑問に思われるのは、この学士力なるものが「各専攻分野を通じて培う」ものとされている点である。なぜなら、専攻分野とは伝統的な学問領域を基盤とした旧来の学部専門教育を前提とする考え方だからである。

第Ⅲ章で詳しく述べたように、ユニバーサルアクセス段階に発展した今日の大学に必要な教育は、特定の学問領域を中心とした旧来の学部教育ではなく、特定の学問領域に限定されない幅広い領域にわたる学士課程教育であると言ってよい。そのような学士課程教育を実現するためには、各大学がそれぞれの教育目的を明確にしたうえで、個々の大学の実情に見合った四年間の一貫した教育プログラムを構築することが基本とならなければならない。その中身は大学ごとに異なっていて当然である。

そうだとすれば、そこにはすべての大学に共通する概念としての専攻分野というものが存在することにはならないはずである。にもかかわらず、このような専攻分野を基盤とした学士力なる尺度を持ち出したりすることは、学士課程教育の理念との整合性を欠くだけでなく、大学の多様性を否定するものでもあって、大学改革の流れに逆行することになってしまう。

そもそも、世の中で、どこの大学を出ても大学卒業生はみな同じ学力を有しているなどと考えている人は誰もいないだろう。大学進学率が五割を超えているということは、入学してくる学生の学力も学習意欲も、興味や関心も、将来の進路も、千差万別であることを意味している。そうした学生をすべて受け入れているのが日本の大学制度なのである。

それは本来の大学の姿ではないと言う人がいるかもしれない。しかしどのような学生に対してであれ、それぞれのニーズや能力に応じた教育機会が与えられることは社会全体としては望ましいし、必要なことでもある。それがユニバーサルアクセス型の段階に発展した高等教育の姿でもあるのだ。

受験生はそうした多様な大学の中から自分の都合に合った大学を選択しているのであって、そのような大学生に対して一律の学力水準を身に付けるよう要求するのは、大学教育の実態を無視するものであろう。個々の大学が自らの方針として学士力といった概念を持ち出すのは自由だが、それをすべての大学に押し付けようとするのは間違った発想である。そのようなことをするぐらいなら、全国一律の高校卒業認定試験を実施して大学入学者の質を確保するほうがよほど効果的であろう。

学位の国際的通用性という視点からしても、本当に重要なのは国際的に競争しなければならない上位レベルの大学の国際的通用件であって、「学士力」といった最低レベルの質をどのようにして確保するかということはあまり重要なことではない。大学の大衆化と多様化が進んだ国においては、大学教育の最低水準が低下するのはある程度はやむをえないことなのだ。それに対して一律の尺度を持ち出して質の確保を論じてもあまり意味がない。「下から支える」発想では、中位や上位の大学がさらなる質の向上に向けて努力するためのインセンティブにはならない。

本当に大事なことは、いかにして上位の大学の質を高め、国際的に通用する大学にしていくかということである。そのためには「上から引き上げる」発想が必要だ。最高レベルの質を高め、より多くの大学が頂上を目指して努力するような環境条件をつくることである。しかもひとつの尺度だけに基づくのではなく、大学の使命に応じて異なった尺度を用意し、その中で個々の大学がそれぞれの目的や機能を明確に示し、それに沿って必要な自己改革を進める環境条件をつくることが重要だ。

〈大学の主体性の尊重〉

財政支援を行う場合でも、大きな目的を達成するための取組と、そのための手段となる個別の取組課題とを、きちんと区別する必要がある。たとえば本書で論じているような、教養ある社会人の育成、質の高い専門家の養成、知見の創造者の育成、多様な人生設計への支援、といった大まかなレベルの目的に沿って、個々の大学が知恵を絞るよう奨励するのはいい。

これに対して、たとえば、地域との連携、社会人の受け入れ、外国人留学生の受け入れなどといったテーマは、より大きな目的を達成するための手段に過ぎず、それに対する重点の置き方はそれぞれの大学で異なって当たり前である。したがって、そのレベルの枠内で全国の大学を競わせるようなことは避けるべきだ。手段レベルの取組が目的化すると、学内における資源配分を歪めてしまうことになる。

大学の固有の領域に対する行政の関与という点では、いわゆるキャリア教育の推進方策についても疑問がある。文部科学省は大学設置基準を改正して、二〇一一（平成二三）年度からすべての大学に職業指導を義務づけることにした。正確に言えば「社会的及び職業的自立を図るために必要な能力を、教育課程の実施及び厚生補導を通じて培うことができるよう、大学内の組織間の有機的な連携を図り、適切な体制を整える」ことを義務づけたのだ。これは具体的に何を意味するのか。

文部科学省は「特定の教育内容・方法を大学に課すものではない」し、「学内に専任の教職員を配置する、または独立した組織を設けるなど、組織の設置を画一的に課すものではない」と説明しているが、それではこの基準に違反していないかどうかを検証することはほとんど不可能だ。そのような曖昧な基準を設けて大学を手とり足とり指導する必要があるとは思えない。大学は大衆化したとは言え、多様性に富み、教育の内容や方針については自主自立を旨とする高等教育機関である。その点で、小学校や中学校のような義務教育機関とは性格を異にしているのだ。大学行政に初等中等教育行政的な手法を持ち込んではいけない。

繰り返しになるが、大学の教育サービスの向上は、基本的には個々の大学がそれぞれの教育目的に応じて主体的に取り組むべきものであり、国の行政は、個々の大学では対応できない課題を解決するためのものでなければならない。

政府に求められるのは、細かな枠組を設けてその中で大学を競わせることではなく、一流を目指して努力する大学の自由な発想を奨励することである。大学教育の細部に影響を及ぼすような国の関与は避けなければならない。同時に、大学の側も、何から何まで国に頼ろうとする安易な気持ちを捨て去るべきだ。そうしない限り、日本の大学はいつまでも自立できない。

2 評価制度のもつ危うさ

〈何のために評価するのか〉

認証評価が実施されるに至った経緯については前に述べたが、認証評価あるいは第三者評価といっても、いきなり外部の機関が大学を評価するわけではない。そのようなことは不可能である。はじめに個々の大学が自己点検・評価報告書を作成し、それをもとにして認証評価機関が審査し評価するのである。

大学の教育研究活動の充実改善を図る上で、認証評価の果たす役割は極めて大きいが、それが本当に有効であるかどうかは、その前の自己点検・評価がどれだけ信頼できるかということにかかっているのである。

このような評価は、人間ドックでさまざまな検査を通じてデータを取り、それをもとに医師が総合的に診断するやり方とも似ている。つまり、各大学はここ数年間で、それぞれ自分の健康状態をチェックし、問題があれば必要な治療法を処方してもらっていることになるのだ。

評価を実施するに当たって何よりも重要なことは、そもそも何のために評価するのかという評価目的を明確にすることであろう。

評価の目的としては、主として三つ考えられる。第一は、ある資格を有するかどうかという適格性を判断するための評価である。その場合は、一定の基準を満たしているかどうかで合否を判定することになる。二つ目は、ある事業がどの程度効果的に実施されたかを測定し、将来の改善・改革に役立てるための評価である。その場合は、あらかじめ設定された目標がどの程度達成されたかを判断し、その結果を次の事業計画の立案に活かしていくことになる。第三は、限られた資源を配分するために行われる評価である。その場合は、一定の尺度に沿って優劣の順位、つまりランキングをつけることになる。

大学設置認可のための評価は第一のカテゴリーに入る。認証評価は第一カテゴリーと第二カテゴリーの両面を備えている。国立大学の評価には、さらに第三カテゴリーの評価も含まれていると言ってよい。

いずれにしても、評価はある目的のために行われるひとつの手段であって、評価すること自体が目的ではないということである。

〈評価はマネジメントの一環〉

視点を変えれば、評価はマネジメントの一環として行われる活動である。マネジメントのプロセスを「ＰＤＳ」（**Plan—Do—See**）というサイクルで言い表すことがあるが、そのＰＤＳのＳに当たる活動が評価である。したがって、評価は、マネジメントサイクルを構成する要素のひとつであって、次のＰにつながることで、はじめてその役割を果たしたことになる。

近年は「ＰＤＳ」よりも「ＰＤＣＡ」（**Plan—Do—Check—Action**）という言い方をすることが多い。どちらも同じような意味合いで用いられるようだが、厳密に言えば、両者には微妙な違いがあるように思われる。ＰＤＣＡとは、大企業などの組織で、トップの方針が末端まで浸透し、それに沿ってさまざまな事業活動がきちんと実施されるように現場をコントロールするための手法であって、Ｐの主体とＤＣＡの主体は同じではない。ＰＤＳが水平的なマネジメントサイクルを指す言い方であるのに対して、ＰＤＣＡは垂直的なコントロールの関係を表すものであると言ったらよいだろうか。つまりＰＤＣＡは単純なサイクルにはなっていないのだ。そのような手法が果たして大学の評価に相応しいのかどうか、個人的には多少疑問を感じないではないが、あえて異を唱えることもなかろうとは思う。ただし、その場合でも大学においてはやはりマネジメントサイクルの考え方が重要であることだけは指摘しておく必要があるだろう。

いずれにしても、将来の事業の改善に結び付かないような評価は、およそ評価としての価値がないということである。その意味でも、評価は重要ではあるが、あくまでも手段なのであって、それ自体が目的ではないのだ。

ところが、現実には、手段であるはずの評価がいつの間にか目的化してしまうといったことがよく起きる。評価をする人たちが熱心さのあまり、つい必要以上に深入りしてしまうのであろう。その結果、評価の方法がますます精緻化し、作業が複雑になってしまうこともめずらしくはない。はじめに評価の目的を明確にしておき、常にそれを意識しながら評価の方法を検討することが重要である。

評価にはコストがかかる。したがって、評価が手段である以上、コストパフォーマンスの意識を持つことが大事になってくる。たとえば、大学評価においては、評価をする側もされる側も、教育や研究を本務とする大学教員である。彼らの時間と労力は無限ではない。したがって、いたずらに優先度の低い瑣末な作業に入り込むことは絶対に避けなければならない。お金もかかるが、それ以上に人的コストのほうが大きい。

現状を見ると、評価する側も、される側も、そのために費やす時間と労力の負担が過重になっている。特に評価作業に動員される教員の負担が大きい。この問題をこのまま放置しておくことはできない。ただし、この問題は、単に時間と労力の問題としてではなく、それに見合った成果が得られているかどうかという視点から判断すべき問題である。そのためにも、評価の目的を明確にしておく必要があるのだ。

〈大学の自治への介入の危険性〉

認証評価は法律に基づいて実施されるものであるだけに、その結果は個々の大学の管理運営を変えるほどの影響力を持つ。そのため、時には大学運営に対する不当な干渉ともなりかねない。

評価する側の審査委員には一流の大学の管理職経験者が多く、大学が作成した自己点検・評価報告書を丁寧に読んだうえで、大学のためと思っていろいろな指摘あるいは助言をすることになる。ところが、評価を受ける側としては、どんな些細なことでも指摘された以上はその通りにしなければならないと思ってしまい、それが場合によっては行き過ぎることもあるのだ。評価する側がよほど自制心を発揮しないと、大学の自主自立性を損ないかねない危険性があるということだ。

私の所属していた大学が認証評価を受けた時のこと、実地視察に先立って審査委員から評価報告書の骨子案が送られてきたが、それに基づいて、以下のようなやり取りがあった。事の発端は、学内規定では学長は「理事会の議を経て総長が任命」することになっていることについて、「学長を選挙で選ぶことは考えられないのか」と指摘してきたことにある。これには私もいささか腹立たしい思いで、「学長の任命方法についてはそれぞれの大学が独自に判断すべきものであって、認証評価において特定の選考方法を支持あるいは勧奨したりすべきではない」と文書で回答した。その後、最終的には先方がその指摘を取り下げてきたため事なきをえたが、こういうことが実際に起きるのだ。評価を受けるほうは弱い立場にあるから、審査委員の指摘はほとんど神の声に近い。指摘されたとおりに学内の規定を変えなければならないと思い込んでしまってもおかしくない。だがそれは明らかに認証評価の権限を逸脱した、大学自治への不当な介入である。

その後、このエピソードをある有力私立大学の友人に話したところ、「うちでは選挙で選んでいるというので褒められました」との答えが返ってきた。これもとんでもないことだ。学長の任命方法は、個々の大学が決めることであって、評価機関が口を出すべき筋合いのものではない。それだけではなく、大学運営の活性化のためには選挙制よりは任命制のほうがよいという考え方は、今では世界的な常識でもある。その中で、こうした時代遅れの誤った先入観を大学に押し付けるような認証評価機関の姿勢には極めて問題がある。

認証評価のような外部の第三者による評価においては、個々の大学の裁量に委ねるべきことと、すべての大学に一律に要求すべきこととを明確に区別する必要がある。認証評価に関わる教員はみんな熱心で、献身的な努力を傾けていることは認めなければならない。しかし、中には、日本の大学をよくしたいという熱い思いがそうさせるのであろうが、全国一律の評価基準について議論する際にも、自分の大学をこうしたいという観点から物事を判断しているのではないかと思われる人もいるのだ。だが自分の大学にとって重要なことが、すべての大学にとっても同じように重要であるとは限らない。そのような発想で評価を行うと、大学の画一化をもたらすことになってしまう。

個々の大学が実施する自己点検評価においては、その大学の独自の判断で、どのような基準や尺度を持ち出してもいい。しかし、すべての大学を対象とする認証評価制度における審査基準の設定や適用に際しては、いたずらに画一化を押し付けることにならぬよう細心の注意を払う必要があるのだ。

3　認証評価と自己点検・評価

〈認証評価の目的は何か〉

認証評価の目的は必ずしも明確になっているとは言えない。「事前規制から事後評価へ」という流れからすれば、大学が一定の要件を満たしているかどうか、つまり適格性を認定することが目的であっても不思議ではない。だが、すでに設置認可を受けている大学の適格性を判定するというのは、どう考えても論理矛盾である。文部科学省の認証を受けた評価機関がいくつも存在することも説明がつかない。

認証評価制度の発足に先立つ時期、文部科学省としては、政府の行政改革の一環として新しい評価制度の導入に踏み切らざるをえない立場に置かれていた。せっかく評価をするなら、それを適格性の判断だけでなく、教育研究水準の維持向上にも役立つものにしたいと考えるのは当然である。

このようにして、認証評価制度は、適格性の認定と教育研究水準の向上のためという二面性を持ちながら発足したのであり、そのため、当初から妥協の産物であるがゆえの曖昧さを残していた。しかしその後の評価活動の進展を見れば、評価の主眼はどちらかというと教育研究水準の向上に置かれてきたといって差し支えない。

それは自然な流れではあった。だがその一方で、教育研究水準の向上における自己点検・評価と認証評価の関係が曖昧になってきたことも否定できない。

〈基本は自己点検・評価〉

評価の結果を具体的な改善方策に結び付けていくためには、評価が自らの手で行われることが重要である。仮に外部の第三者機関による評価を行う場合であっても、それが自らの内部評価という基盤の上に行われるのでなければ、適切な改善策を講じることは難しい。つまり、教育や研究の質的水準の評価を行うに当たっては、大学自身による自己点検・評価が学内にしっかりと根付いていることが重要になってくる。

ところが、認証評価制度が導入された時点では、大学における自己点検・評価はまだ始まったばかりで、学内に定着してはいなかった。そこにいきなり認証評価が導入されることになったのである。そのため、自己点検・評価と認証評価の違いが不明瞭になってしまい、自己点検・評価は、あたかも認証評価のために実施するもの、あるいはその一部であるといった誤った考え方が広まることにもなってしまった。

本来、自己点検・評価と認証評価は別物である。認証評価は七年に一回きりであって、それだけでは教育研究の改善に多くを期待できないのだ。それに対して自己点検・評価は恒常的に実施すべきものので、自己点検・評価こそが、当該大学の質の向上にとってより重要な役割を果たすものなのだ。その視点を忘れることなく、自己点検・評価がきちんと行われるように大学を支援していく必要がある。

〈目標設定の仕方で変わる評価結果〉

国立大学の場合は、国立大学法人評価委員会や大学評価・学位授与機構による評価結果が、文部科学省からの運営費交付金の配分にも反映されることになっている。つまり、前記の第三のカテゴリーの要素が加わった評価を受けている。そこにひとつの問題が生じてくることになる。

評価結果が予算配分に反映される以上、国立大学法人としては、少しでも多くの予算を確保するため、良い評価結果を得るよう必死に知恵を絞ることになる。そうなると、評価においてどのような達成目標を設定するかということが重要な問題になってくるだろう。良い評価結果を得ようとすれば、あまりに野心的な達成目標を設定するのは得策ではない。むしろ控えめの目標を設定しておいて、そのうえで高い実績をあげて高い評価結果を得るほうがよいという考え方が出てくるのだ。

しかし教育研究活動の充実という観点からすれば、たとえ達成目標のハードルが高めであっても、それを目指して努力することのほうが重要であり、そのほうが教育研究の質の向上にもつながる可能性が高いはずである。はじめから評価結果を気にし過ぎて低い目標を設定したりしては、教育研究の活性化にはむしろマイナス効果をもたらすことになりかねない。

このように、予算の配分と教育研究の充実という二つの評価目的の間では、評価の基本である達成目標の設定の仕方に相矛盾する力が働くことになるのだ。この種の問題は、有効な評価方法がきちんと確立していない段階においては特に起きやすい。したがって、評価の結果は尊重しなければならないが、単純な数値によって表された結果だけに基づいて予算配分を差配するのは避けたほうがよいということになる。評価の内容や方法を十分に吟味したうえで総合的に判断する必要があるのだ。

〈認証評価で何を評価するのか〉

認証評価において評価の対象となるのは、主として教育研究の条件整備に関わる事項である。たとえば、教育の理念や目標が明確であるか、各学部や学科の目標が明確であるか、必要な教員が揃っているか、教員の年齢構成はバランスがとれているか、図書館の蔵書数やスペースは十分か、管理運営体制は適切か、理事長や学長はリーダーシップを発揮しているか、といったように、どちらかと言えば容易に検証可能な事項が中心となる。それ以上に教育の中身にまで踏み込んで、たとえば、どういう教育課程が編成され、その中でどういう授業が行われて、どういう成果を挙げているかといったところまでは評価しにくい。

しかし、大学がその使命を十分に果たしているかどうかを判断しようとすれば、教育の中身あるいは運営についての評価がもっとも重要なことになる。大学が学生のニーズに応えるような質の高い教育サービスを提供しているかどうかを検証することが大事であって、そこまで踏み込まないような評価では、教育の質の向上に役立つとは思えない。そのことをどう考えたらよいのか。

認証評価が実施されて最初の七年間がそろそろ終わろうとする現在、次の七年間に向けて、実際に教育の質の向上に結び付くような効果的かつ効率的な評価方法の検討が各認証機関によってなされているはずである。その際、念頭に置くべき重要な視点は、自己点検・評価においてどのように教育の質を評価するかという問題と、認証評価において何をどのように取り上げるかという問題とは、必ずしも同じではないということであろう。

〈**自己点検・評価と認証評価の違い**〉

自己点検・評価は、学内の教育研究活動について実績を点検し、それを自ら評価し、その結果を報告書としてまとめるものである。したがって、設置基準を満たしているかどうかではなく、満たしていることを確認したうえで、実際にどのような教育や研究が行われているかについて実態を把握し、どこが優れているか、どこに問題があるかといったことを明らかにしなければならない。単に事実を記述する作文に終わってはいけないのだ。

これをもとにして実施される認証評価においては、個々の大学の教育研究活動に関してどこまで立ち入った評価を行うべきか。これはなかなか難しい問題だ。大事なことは、自己点検・評価と認証評価とどこがどのように違うのかということを明確にすることである。さらに言い換えれば、自己点検・評価との関係において、認証評価の目的あるいは性格をどのように位置づけるのかということである。

基本的には、これまでも繰り返し述べてきたように、教育研究の質を改善するうえでもっとも重要な役割を果たすのは、大学自身が実施する自己点検・評価である。そうだとすれば、自己点検・評価をもとに、外部の機関が同じ視点からもう一度評価を行ってもあまり意味がない。認証評価が、外部の組織による統一的で客観的な評価であることの特色を活かすとすれば、何かもっと別の役割があるのではないか。

たとえば、自己点検・評価の中身ではなく、方法論についての評価を行い、自己点検・評価の仕方を改善するために必要な助言を行うというのも、ひとつの考え方であろう。それは、外部の客観的な視点で専門的な立場から評価できる機関ならではの重要な機能とも言える。仮にそれを主眼にするということになれば、認証評価に費やす時間と労力はかなり節減できるだろう。こうした視点を含めて、認証評価の在り方についてきちんと議論する必要がありそうだ。

日本の場合は、政府が大学設置基準に基づいて設置認可を行っていることを前提にしながら、何よりも大学の自立的な発展をねらいとした、独自の認証評価制度の在り方を模索していく必要がある。

VI　政府は大学支援の責任を果たしているか

1　高等教育の予算が少な過ぎる

1　私費負担に依存する日本の大学

〈公的な財政負担が少ない〉

これからの大学に対する国の役割について、二〇〇五（平成一七）年の中央教育審議会答申「我が国の高等教育の将来像」では、①高等教育のあるべき姿や方向性等の提示、②制度的枠組みの設定・修正、③質の保証システムの整備、④高等教育機関・社会・学習者に対する各種の情報提供、⑤財政支援、といったことが中心になるとの考え方が示されている。

このうち国でなければできないという意味で、国の本来的な役割と言えるのは、②の制度的枠組みと、④の情報提供と、⑤の財政支援であろう。特に重要なのは財政支援である。財政基盤の確立なしには大学の自立などありえないからである。だが現状では、日本の大学が財政的に自立するのは容易なことではない。

国立大学や公立大学は、その活動経費の大部分を公的資金に頼っている。ところが昨今の国や地方自治体の厳しい財政状況下においては、公的資金の増額はあまり望めない。それどころか、国立大学法人に対する運営費交付金の額は年々減額されている。こうした状況の中で、各大学とも外部資金の獲得に必死に取り組まざるをえなくなっているが、それも容易なことではない。

日本の私立大学は、アメリカと違って、もともと基金の運用によって経営を成り立たせるような強い財政基盤を有していない。そのため必要経費のほとんどすべてを学生の納付金に依存せざるをえないのが現状であり、国の私学補助が年々減っている状況下では、ますます苦しい経営を強いられることになる。

したがってどこから見ても明るい展望は開けないが、それでもやはり、高等教育の財政基盤の確保こそが政府にとっての最大の課題であると言わなければならない。日本の場合、国立、公立、私立を含めて、高等教育全体に対する公的な財政負担の規模が小さ過ぎるのである。この点についてのOECDによる国際比較を見てみよう。

高等教育に対する公財政支出の対国内総生産（GDP）比を見ると、二〇〇五（平成一七）年の時点で、日本は〇・五％で、アメリカ（一・〇％）、イギリス（〇・九％）、フランス（一・一％）、ドイツ

（〇・九％）などの半分であり、北欧のデンマーク（一・六％）、フィンランド（一・七％）、ノルウェー（一・三％）、スウェーデン（一・五％）と比べると三分の一以下である。ＯＥＣＤ加盟国三〇カ国の平均は一・一％であり、日本はその中で最低である。

〈限界に達している私費依存〉

国によって財政構造が異なるので、単純に数字だけを比較するわけにはいかない。日本の場合は、北欧諸国などとは違って、そもそも租税負担率が少ないため、対ＧＤＰ比が低くなってしまうのはある程度は理解できなくはない。しかしそれにしても、日本の高等教育に対する公的財政支出が少ないことは間違いない。このような状況下でも日本の高等教育がどうにか成り立っているのは、言うまでもなく私立大学が多いからである。つまり、親が負担する学生納付金という私費に依存しているということである。

ちなみに私費負担の対国内総生産（ＧＤＰ）比では、日本は〇・九％で、ＯＥＣＤ三〇カ国の平均〇・四％をはるかに上回っている。アメリカが一・九％と突出しているが、それ以外では、イギリスは〇・四％、フランス、ドイツ、スウェーデンは〇・二％、デンマーク、フィンランドは〇・一％といずれも非常に低い。

日本で私費負担が多いのは、ある意味では私学の活力と国民の教育熱心さの表れとも言えるが、それ以上に、一九六〇年代から七〇年代にかけて大学志願者が急増した時期に、政府が国立大学の拡充を怠ったことのつけでもある。その結果、日本の高等教育の姿はどこから見ても貧弱としか言いようのないものになっている。

このように、日本の高等教育に対する公的財政負担が国際的に見て極端に低い水準にあることは明白な事実である。親による教育費負担は限界に達している。政治家も行政官も教育者も一般の国民も、大学教育に関心を持つ人ならば誰でも、この事実を重く受け止めなければならない。

この現状を改善するためには、高等教育に対する国の予算を増額する以外にはない。他の予算を削ってでもそうしなければならない。そのためには強い政治的意思が求められることになる。さらに、地方自治体や産業界の理解と支援も必要になってくる。社会全体で大学を支え、大学を活用しようとする意思を持たない限り、一国の高等教育の質を向上させることは不可能である。

2 国立と私立の格差

〈私学への国庫補助が少ない〉

公的財政負担の額だけでなく、その使い方も重要な課題である。高等教育の予算をどこにどれだけ配分するかということである。この点に関しては現状の抜本的な見直しが必要だ。

日本の大学は歴史的に見ても、国立大学を中心に発展してきたことは間違いない。だが、第二次世界大戦後は、国、公、私立といった学校種別に基づく差別や格差の問題は解消し、かつてのような官尊民卑の考えもなくなり、私学に対する国の権限は大幅に弱められ、国からの私学助成補助も実現している。その結果、今日では、私学に在籍する大学生が全体の四分の三を占めるようになり、社会的に大きな役割を果たしている。にもかかわらず、財政面では、私学は国立大学に比べて極めて厳しい状況下に置かれている。

国立大学と私立大学を比べると、国立のほうが授業料も安く、教育条件にも恵まれているため、できれば国立に入りたいという受験生は多い。だが、実際に国立大学に入学できるのは、大学入学者全体のわずか一七％に過ぎない。短大も含めると一五％にしかならない。それ以外は公・私立大学、特に私立大学に進学せざるをえない構造になっているのだ。大学院生も含めた大学・短大の在籍学生数は約三〇〇万人で、その中に占める割合では、国立が二一％、私立が七四％、公立が五％である。

こうした状況下で、私学に対する国の公的な財政支援は全体で三二〇〇億円であり、経常経費に占める割合は一二％を切っている。これに対して国立大学法人に対する運営費交付金の額は、法人化当初の一兆二四〇〇億円から年々減額されているが、二〇〇九（平成二一）年度で一兆一七〇〇億円、経常的経費に占める割合は五四％である。

もちろん、国立大学の場合は理工系や大学院の学生が多く、しかも研究活動が重視されているので、この数字だけで単純に比較することはできない。しかし、私立大学と言えども社会の人材育成という公的機能の重要な一翼を担っているという現実を踏まえるならば、私立大学に対する国の補助は国立大学に対する公財政負担と比較してあまりにも少ないと言えるだろう。これでは私立大学はマスプロ化しない限り、つまり教育の質をある程度犠牲にしない限り、経営の自立性を確保することは難しい。

〈生涯学習の受け皿になれない日本の大学〉

二一世紀の大学には生涯学習の場としての役割が強く期待される。だが少子化の影響でどこの大学も学生確保に苦労しているにもかかわらず、社会人入学者はそれほど増えていない。その理由としては、日本の社会が学歴社会ではないため、学士あるいは修士の学位を取得するインセンティブが弱いことが挙げられるが、それ以上に大きな理由は、授業料の負担が重いことであろう。

日本の場合、高等教育の大衆化を支えているのは国立や公立の大学でなく、私立の大学である。ところが、生涯学習の観点から見ると、私立大学は大衆参加型で誰でも入りやすい半面、学費が高いために誰もが入れるわけではない。他方、国立大学は私立大学に比べて学費は安いが、選抜型であるために誰もが入れるわけではない。公立大学は教育内容が医療・看護・福祉など特定の専攻分野に限られていることが多く、誰でもが学べるようにはなっていない。このようにそれぞれ相異なる理由によって、結果的には国立大学、公立大学、私立大学のいずれも、生涯学習の受け皿とはなりにくいという構造になっているのだ。

アメリカの状況はこれとは対称的である。アメリカにはトップクラスのハーバード、イエール、プリンストン、スタンフォードをはじめ私立大学が多いが、学生数では圧倒的に州立の大学や短大あるいはコミュニティカレッジが多く、授業料も安いため、こうした公立の高等教育機関が生涯学習の受け皿として機能している。

日本の場合、この構造的な問題を解決しない限り、大学に生涯学習機関としての機能を期待するのは難しい。ではどのような解決方法があるのだろうか。現在の延長線上で考えた時、誰でも思いつくのは私学助成を増やすことであろう。国レベルでは私学助成を増額し、さらに、地方レベルでは、地方自治体と地元の私立大学・短大とが連携協力して生涯学習の機会充実に取り組むという選択肢がありうる。

仮に私学助成の金額を二―三倍に増やして、その分授業料を引き下げることにすれば、それによって貧困層の進学率は上昇し、結果的に国民の知識技術水準の向上にも寄与する。授業料引き下げのために私学助成補助を増額するのであれば、国民全体としての経済負担を増やすことにはならない。むしろ、私費負担を公費負担に変えることで、国公立大学との格差が改善され、より公平な負担を実現できることになる。

二〇〇九（平成二一）年に誕生した民主党政権は、年間四千億円の予算を使って高等学校無償化を実現した。この金額は私学助成の予算額の一・二五倍に相当する。つまり、それだけの予算があれば、私学助成を現在の二・二五倍にすることができるのだ。すでに高校への進学率は限りなく一〇〇％に近く、その大部分は授業料負担に困難を感じていない。貧困家庭に対しては授業料免除などで対応することが十分に可能である。これに対して、大学進学率は五〇％。経済的理由により大学進学を諦めなければならない若者はまだまだ多い。大学に進学したけれども経済的理由で勉学を断念せざるをえない学生も増えている。こうした現実を踏まえて、限られた予算をどのように使うべきか、幅広い角度から教育財政に関する政策論議を行う必要がある。

ただし私学助成を増やした場合でも、高い授業料を負担する余裕のある学生までも、税金で面倒を見ることになってしまうという問題が出てくる。だが、そのことを問題にするのであれば、その前に現行の国公立大学の授業料そのものがそのような問題点を含んでいることを問題にしなければならない。この問題を解決するには、次に述べるように、授業料はコスト主義を原則としつつ、学生の経済負担力に応じて授業料を免除するという考え方を導入する必要がある。

3　機関補助から個人補助へ

〈国立と私立の公正な競争とは〉

ここで少し視点を変えてみよう。今本当に必要なことは、必ずしも国立大学と私立大学が対等になるということではない。学生が経済的負担の面で差別されることなく、国立あるいは私立に関わりなく自分に合った大学を選択できるようにすることである。それが可能になった時にはじめて、国立大学と私立大学が対等な条件下で競争できるようになったと言えるのだ。そのような視点から学生の経済的負担を軽減することを検討する必要があるのではないか。

たとえば近年、専門職大学院の制度が発足し、法律や経営などの実務的な内容を重視する大学院が増えてきた。今後ともその需要は一層増大するであろう。だがここで問題となるのは、国立大学であれば少人数で密度の濃い教育を、しかも安い授業料で実施することができるが、私学の場合は、それでは経営的に太刀打ちできないということである。

学生の立場からは授業料は安いに越したことはない。だが、国立大学が私学を圧迫してまで、税金を使って安い授業料で同じような教育を実施する必要があるかどうかは疑問である。教育条件の違いを考慮するならば、国立大学の授業料のほうが高くてもおかしくないくらいだ。国立大学だけですべての需要に応えられるのであればともかく、そうでない現状においては、国立と私立とが健全な競争関係を保ちながら、なおかつ学生の負担を軽減ないし平等化することが、政府の重要な役割でなければならない。

一般的に言えば、教育の成果が公共的なものであれば税金で負担することに十分な理由がある。反対に、それがもっぱら個人あるいは私企業の便益となるのであれば、その経費は受益者である学生個人あるいは企業が負担すべきであろう。もちろん現実にはそう単純に割り切って判断することは難しい。なぜなら、同じ教育の成果であっても、その後の職業選択次第では、それが公的にも私的にもなりうるからである。

しかしそうはいっても、国立大学が安い授業料でビジネスマンの養成を行う必要性が高いとは思えない。国立大学がビジネスマンの養成をするのは自由であるが、そのために多額の税金を投入することが許されるかどうかについては議論の余地があるのだ。むしろコスト負担主義の考えに立って授業料を高く設定し、その代わり、優秀でありながら経済的に困難な学生には奨学金を支給するようにすべきであろう。

〈学生への個人補助〉

さらに思い切って、現在のように大学という機関に対して補助するのではなく、学生という個人に対する補助の形に改めることも検討する必要がある。私学に対する補助の仕方を、直接大学に対してお金を配分するやり方から、学生の成績や経済的困窮度に応じて学生個人に奨学資金を提供するやり方に変えるということである。

個人補助にすれば、学生は、授業料が高いか安いかに関係なく、国立でも私立でも自分の希望する大学を選択することができることになる。さらに一歩進めて、国立大学の場合は、授業料は実費負担の原則で私学並みに引き上げ、その代わり授業料免除などの方法で学生に対する奨学支援を充実するというやり方も考えられる。

こうした方法を採用すれば、単に学生の経済的負担の公平化を図ることができるだけでなく、各大学に対しては、優れた学生を確保するための自己改革を進めるインセンティブともなるだろう。なぜなら、受験生は、経済的な事情とは関係なく、国立でも私立でも、自分にとってもっとも相応しい大学を自由に選べることになるため、大学のほうが中身で勝負しなければならなくなるからである。そのためには、大学に関するすべての情報が社会に提供されるようにする必要があることは言うまでもない。

4　競争的資金の功罪

〈短期的成果を求め過ぎる恐れ〉

大学改革の目的は、各大学がそれぞれの機能を十分に発揮できるようにすることである。そのためには制度面の改善も必要だが、それ以上に大事なことは、個々の大学の自己改革力を高めることである。自己改革力を高めるには、財政的な自立とともに、精神的な自立を確保することが重要になってくる。したがって、いかにして大学の自立意識を高めるか、いかにして自立意識を損なわないようにするかということが、今後の改革を左右する重要な鍵となってくる。その意味でも、政府の支援が大学の自立性を損なうことのないように留意する必要がある。

このような視点から見た時、文部科学省による競争的な資金配分事業が増えていることについては、いくつかの点で危惧の念を持たざるをえない。

競争的な資金配分事業の中身には、大きく分けて、研究支援と教育支援の事業がある。研究支援の面では、COE（センターオブエクセランス）として、二〇〇二（平成一四）年度から「世界最高水準の研究教育拠点を形成し、研究水準の向上と世界をリードする創造的な人材育成を図る」ことを目的とした「二一世紀COEプログラム」が発足し、二〇〇七（平成一九）年度からは、新たに「グローバルCOEプログラム」として実施されている。二〇〇八（平成二〇）年度には六八拠点（三一大学）に対して約一八〇億円が配分された。

教育支援の面では、この種の事業はGP（グッドプラクティス）として、二〇〇三（平成一五）年度から実施されている。これまでは「特色ある大学教育支援プログラム（特色GP）」と「現代的教育ニーズ取組支援プログラム（現代GP）」とがあったが、二〇〇八（平成二〇）年度からは両者が統合されて「質の高い大学教育推進プログラム（教育GP）」となった。同年には、九三九件（四八八大学等）の申請を受け付けた後、独立行政法人日本学術振興会による審査を経て一四八件を選定し、約八六億円の予算が配分された。

もともと学術研究を支える研究助成の仕組みとしては、すでに科学研究費補助金という、すべての学問分野を網羅した競争的資金配分の制度があり、その予算額はこの厳しい財政状況にもかかわらず順調に伸びてきている。二〇〇九（平成二一）年度の予算額は約二〇〇〇億円である。配分のための審査も、科学者による専門的な立場から厳正に行われている。

それに対して、これらの新しい競争的資金配分事業は、それぞれの大学の強みを生かした特色ある研究拠点を形成することを目的にしており、複数年度にわたって支給されるところに特色があるとされている。

しかし、ここで気になるのは、大学の研究は、企業の研究とは違って長期的な視点から取り組めるところにその特色があるにもかかわらず、COEプログラムでは短期間で成果を出すことを求められることである。いつまでも成果を出さないのは困るが、そうかといって大学が短期的な成果を競い合う場となってしまってはいけない。そうはならないように配慮する必要がある。また、豊富な研究資金が配分されるだけに、若い研究者たちがお金に振り回されたり、金銭感覚を鈍らせたりすることがあってはならないし、何よりも研究活動に参加する大学院生に対する長期的な視点からの教育がおろそかにされないよう留意する必要があるだろう。

〈教育GPと大学の自立性〉

それよりも問題があると思われるのは教育GPのほうである。研究支援はいわば研究者個人を中核とした取組への支援であって、そのことで当該大学のすべてが評価されるわけではない。だが教育支援は大学の組織を挙げた取組の一部に対する支援であって、たとえひとつの小さなプロジェクトではあっても、それは当該大学全体の教育活動の成果に深く関わってくる。そのような教育活動について、大学の設置認可権を持つ文部科学省が、個別のプロジェクトレベルで大学に申請させ、それを審査し、採択されたものに予算を付けるというやり方が、果たして適切なものと言えるかどうか。

個々のプロジェクトに対する補助金は、教育のGPであれば何千万円程度のものである。大学としては、GPに採択されることは文部科学省の「お墨付き」をもらうようなもので、それがある種の社会的ステータスにもつながると考えるし、何よりもお金がほしいので、学内を挙げて申請プロジェクトの取りまとめを行うことになる。実際に採択されると、まるでノーベル賞でも獲得したかのように大々的に学内外に宣伝する大学が多い。このことがこの事業の性格を見事に言い表している。

こうした制度においては、大学がどのようなプロジェクトを申請すべきかを判断する際、それが教育活動の充実にとって真に必要なものかどうかよりは、採択されやすい内容、つまりお金をもらいやすい内容かどうかで判断するようになりがちだ。申請したものが、必ずしも大学の教育充実にとって優先度の高い事業とは限らないということになるのだ。採択されても予算の使い方についてはかなり制約を受けることになる。

教育活動は、研究とは違って、年度単位で申請してすぐに実施できるというものではない。各大学が一定の予算をどのように使うかは、本来それぞれの大学が自らの教育目的に沿って主体的に判断して決めるべきもので、結果をあてにできない政府のひも付き補助金をもらうために、あらかじめ詳細な計画を立てて申請するということは、大学の教育運営を歪めてしまいかねない。

政府が競争的資金を出してはいけないというのではない。だが、政府の財政支援は、小さなプロジェクトレベルの予算配分ではなく、もっと大きな戦略的レベルで考えるべきものである。たとえば、教養人養成、高度専門職養成、研究者養成、多様な人生設計のための教育といった大きな目的のために、戦略的な予算配分を考えるのが政府の本来の仕事である。個々の大学が実施するひとつの小さなプロジェクトを取り上げて、その内容を審査して予算を付けるといったやり方は、政府への依存心を高めることになり、大学行政の在り方として決して好ましいものとは言えない。

大学として一定の予算の枠内でどのような活動にどれだけの予算を割り当てるかという判断は、本来的には個々の大学がそれぞれの見識に基づいて行うべきものである。すでに競争的環境下に置かれている大学には、自らの存亡をかけて自己改革に取り組むだけの十分な能力と覚悟があるはずだ。そこに政府が必要以上に介入すれば、大学の自主自立性を阻害することになる。

〈**競争原理のはき違い**〉

政府主導の競争的プログラムは、いわば各省が実施している国から自治体に対するひも付き補助金のようなものだ。だが、今日の時代的要請は、「零細補助金から交付税へ」である。文部科学省の各種GPは、大学を活性化するうえではある一定の効果を挙げてきたとは思うが、すでにその歴史的な役割は果たし終えたといってよい。このまま継続すると、大学の目がますます政府のほうにばかり向いてしまい、本来の顧客である学生や社会のほうに向かなくなってしまう。それでは大学はますます政府に対する従属性を強めることになるし、学内の経営資源の配分を不自然な形で歪めることになりかねない。

おそらく文部科学省にしてみれば、厳しい財政事情の下ではこのようなプログラムを考えないと予算を獲得しにくいという事情もあったのだろう。国の予算を平等にばらまくのではなく、大学を競争させてその中で優れたものにだけ有効にお金を使うとでも説明しなければ、予算を獲得しくい時代になっているのだろう。しかし、だからといって、政府の主導により個別プロジェクトのレベルで大学の教育活動を競わせるのは競争原理のはき違いである。

教育経費を競争的に配分するのであれば、たとえば、すでに軌道に乗っている認証評価の結果などに基づいて、国立大学ならば運営費交付金、私立大学ならば私学助成補助金の額を増減させるといった方法もありうる。そのような形で使途を限定しない資金配分をするほうが、大学の主体性を尊重することになるし、大学の活力を高めることにもなる。そのために、たとえば認証評価の結果を活用する道が拓かれることになるのであれば、認証評価の成果を活かすことにもなり、それに費やす厖大な労力も無駄ではなくなるにちがいない。

2　法人化で国立大学は自立できたか

1　大学は当事者能力を発揮しているか

〈運営費交付金の減額は容認できないが…〉

国立大学の法人化によって、それまで文部科学省の一部局として位置づけられていた国立大学は、文部科学省から半ば独立した国立大学法人となった。その意味では大学の自立性が高まったと言える。だが実態はどうだろう。国立大学は六年間の中期計画を作成し、それを文部科学省に認めてもらい、そのうえで文部科学省から運営費交付金を交付されるという仕組みになっている。最大の問題は、この運営費交付金の額が年々減らされていることだ。このことは、厳密には、法人化の直接的な結果とは言えない。たまたま国の財政事情が悪化した時期に遭遇してしまったということである。

とはいえ、法人化と運営費交付金の減額とがまったく無縁とは言い切れない。なぜなら、行政改革路線からすれば、国立大学の法人化は、教職員の非公務員化によって公務員の削減を実現できるだけでなく、財政面でも国の歳出削減にも対応しやすくなるという側面を持っていたからだ。国の財源が縮小する中で、各大学の予算を渡し切りにして、あとはそれぞれの大学の経営責任で、経費を節約したり、自己努力により収入を増やしたりできる仕組みにすれば、予算の総額を削減することもおのずから容易になるのだ。その意味では、国立大学の法人化は、大学にとっては両刃の剣だった。

もちろん、だからといって運営費交付金を減額してよいというわけではない。前にも論じたように、そもそも我が国では高等教育に対する公的財政負担が少な過ぎる。そのことを考えると、運営費交付金の減額はとうてい容認できるものではない。

ただし、である。国立大学の中には、すでに重要性の低くなった学部や学科が存在しないわけではない。それ以外にも各種のセンターなどの内部組織が学部ごとにバラバラに設けられている。それらをきちんと見直して整理する必要があるのではないか。全学的な視点から整理することでコストを削減することもでき、経営効率も高まる。そうした内部組織の改革に手を着けないまま、運営費交付金だけは維持したいという論理は世間には通用しない。国立大学はもっと強いコスト意識を持つべきだ。

学長からは自由裁量で使える予算を増やしてほしいとの声も強いようだ。たしかにそれによってこれまでは不可能だった新しい取組もできるようにはなる。しかしどんな組織でも予算の枠は限られている。一定の予算枠の中でどのように資源を配分しながら組織を運営していくか、それが組織の長の仕事である。それができないからといって、別枠で自由裁量の経費をほしいというのは、相変わらずの親方日の丸的な発想であって、いささか虫がよすぎるのではないか。

予算には常に限りがある。だからこそ、大学のあるべき姿を明確にし、それに沿って既存の事業を根本から見直して、優先度の高い活動に資源を投入していく必要があるのだ。そのための責任者として任命されているのが学長である。国立大学法人の経営者としての学長の手腕が問われているのである。

〈教授会の在り方の見直し〉

とはいえ、実際にはなかなか学長の思うようには事が運ばないという現実もある。現行制度においては、法人化されたとはいいながら、一大学一法人、つまり大学＝法人となっているため、個々の大学と政府との垂直的な関係は基本的に変わっていない。そのため、国立大学は相変わらず文部科学省の監督下に置かれていて、あまり自由度がない。たとえば、学部や学科などの教育体制を自由に変えることはできないし、授業料ですら大学独自には決められない。これでは大学の自主自立を目指したはずの法人化の目的がどこまで達成されるのか、はなはだ疑問に思われる。国立大学にはもっと自由裁量権を与える必要がある。

また、法人化によって学長の権限が強化されたことは間違いないが、しかし、学長を中心とするトップの運営組織と、学部教授会との関係については、実はほとんど何も変わっていない。そのため教授会の影響力は相変わらず強いのだ。そこに大きな問題が残されている。

一部の私学に見られるような強力な権限を持つ学長であれば話は別だが、日本の大学では、学長は教員の選挙に基づいて選任されるのが一般的である。国立大学法人では学長選考委員会が設けられてはいるが、それでも実際上は教員による選挙の結果に大きく依存している大学がほとんどである。そのような大学では、必ずしも経営能力に長けた人物が学長に選ばれるとは限らないし、仮に経営能力があったとしても、選ばれた以上は自分の支持母体の利益に反するような改革を断行するのは容易でない。

しかし、それでもやはり大学改革を進めるのは学長の責任であり、学長以外にその権限を与えられている人はいないのだ。だからこそ有能な学長を確保することが基本となるのだ。仮に有能な学長をもってしても改革を実行することができないとすれば、大学の管理運営の仕組みそのものに問題があることになるだろう。

したがって、少なくとも教授会の在り方などについて見直しを行い、学長が管理運営の責任者としての任務を十分に果たせるような体制を整える必要がある。優れた教員を採用することや、教育研究組織を改編することなども、学長の管理運営責任に含まれることは言うまでもない。そのためにも、優れたリーダーシップを発揮できる学長を選任することが大学にとっての重要な課題となる。

学長がリーダーシップを発揮できるようにするためには、学長の選任方法や、任期の定め方についても検討し直す必要があるだろう。ちなみに大学の学長を教員の選挙に基づいて選んでいるのは日本と韓国ぐらいのものである。任期についても、アメリカの有力大学の学長は一〇年以上も在職するのが通例となっている。だからこそ長期的な戦略の下で、責任を持って計画的に大学改革を進めることができるのだ。

ただし、こうした管理運営体制の問題は、個々の大学の努力だけで解決できるものではない。制度設計者としての文部科学省が責任を持って取り組まなければならない課題である。

2　大学間の機能調整を行う仕組み

〈大学の役割分担は誰が決めるのか〉

国立大学がそれぞれの将来構想を検討するに当たっては、過去のぬるま湯から脱し、民間的な手法を取り入れた大胆な大学経営を実行しなければならない。しかもそれを、国立大学としての一定の制約の中で行わなければならないことになる。その際に重要になるのは、多様性に富む国立大学法人の中で、個々の大学がそれぞれどのような役割を担うべきか、あるいは大学間の役割分担と協力関係をどのように築いていくかといった問題を調整する仕組みである。

制度的には、各国立大学法人の基本戦略について、学長に対して指示あるいは監督できる公的責任を持った機関は、文部科学省以外には存在しない。しかし、中央の政府がすべての国立大学の運営について、個々の実情に応じた適切な舵取りができると考えるのは非現実的であろう。そもそも文部科学省にそのような強力な権限を委ねたのでは法人化以前の状態に逆戻りしてしまうことになってしまう。ここが悩ましいところだ。

こうした状況下では、いきおい各大学はそれぞれ自己完結的な発展だけを考えるようになってしまう。だがそれでは、大学間の機能分担をどうするかといった、個々の大学の範疇を超えるような大きな課題については誰も責任を持って対処することができない。ここに、現行の国立大学法人制度の重大な問題点があると言っていい。

国立大学には自由度が与えられなければならないが、そうはいっても国立である以上、やはり一定の公的機関の責任の下で運営されなければならない。多様な国立大学がそれぞれの特色を発揮しながら社会的使命を果たしていくためにも、大学間の役割分担に基づく機能の調整を図るための適切な仕組みが必要になってくるのだ。

この点を改善しない限り、現在の国立大学は小手先の改善策は実行できたとしても、本来必要とされる大きな改革を進めることは難しい。

〈地域別の法人化〉

この問題を解決するためにはどうしたらよいのか。それは、大学と法人を切り離して、ひとつの法人が複数の大学の管理運営に責任を持つような体制にすることであろう。そうすれば、個々の大学の運営は、文部科学省よりもはるかに現場に近いレベルで、法人という公的な機関の実質的な監督下に置かれることになり、それによって同一法人の管轄下にあるいくつかの大学間での役割分担を明確にし、それぞれが個性と特色を発揮しながら競い合うといったことが可能になってくる。さらに法人間での競争的環境も生まれてくる。

地域別に法人化すれば、地域内での大学間の機能分担、人事交流、研修などの協力体制も可能になるし、また地域レベルでの総合的な教育システムの確立に向けた取組も可能になってくる。そのほうが地方分権化時代の社会的要請にも適合するにちがいない。そこに公立大学や私立大学も加われば、真の意味での地域に根差した高等教育システムを築き上げることも不可能ではない。

法人化の議論の過程では、地域ブロックごとに法人をつくってはどうかという意見も出されたことはあるが、それ以上の議論に発展することなく終わっている。法人化のタイムスケジュールがすでに決まっていたこともあり、そのような議論を始めたのではとても法人化に間に合わないと判断されたのだろう。法人化の方針が決まった以上、あとはいかにして現状をできるだけ変えることなく円滑に法人化の手続作業を完遂するかということが、行政の実務レベルでの最大関心事となってしまったのだ。そのため、根本的な問題についての議論は行われず、国と国立大学の関係をどのようにするかといった重要な問題についての明確な考え方も示されないまま、結果的には、「一大学一法人」の制度に落ち着いてしまった。

しかし、このままでは、個々の大学法人が文部科学省の意向を気にしながら、それぞれ勝手に自分たちの中期計画を立案することになる。そのようなやり方では、各大学が個性を発揮しながら、他の大学と協力して適切な役割分担を進めていくといったことは不可能である。改めて国立大学法人とは何かということを明確にし、法人と大学との関係をきちんと整理する必要があるだろう。そのうえで、現行の「一大学一法人」制度に代わる新しい法人制度を考えることが必要になってくる。

3　国立大学の存在理由

〈国立大学とは何か〉

大学に広い自由裁量権が与えられた時、文部科学省の役割はどうなるのか。大学改革の課題が「教育の質の向上」だといっても、それは、文部科学省が個々の大学の教育運営にまで立ち入って指示したり、予算を配分したりすることではない。大学自身の手で教育の質的向上を目指した改革が進めやすくなるよう、制度面での障害があればそれを取り除き、あるいは新しい制度を設け、そのための財政的な支援をするのが政府の仕事である。中でも法人組織の在り方や、国立大学の管理運営体制の見直しは、政府として早急に取り組まなければならない優先度の高い課題である。

その取組に際しては、国立人学はなぜ国立でなければならないのか、果たしてすべての国立大学が国立である必要はあるのか、といった問題についても議論する必要があるだろう。国立大学といっても個々の大学は実に多様である。研究重視の総合大学もあれば、小規模の単科あるいは二学部だけの大学もある。共通しているのは、教員当たり学生数が国際的に見ても少ないことである。研究大学においてはそれもある程度は納得できる。しかし、単科大学の場合はどうか。教員養成大学などはそもそも学生数が少な過ぎる。もっと経営効率という視点に立って国立大学の在り方をとらえ直し、国としてどのような形でどこまで財政支援を行うべきかを議論する必要がある。

そうした観点に立って、文部科学省はすべての国立大学法人の活動について、国立でなければならない法人あるいは活動はどれか、国立である必然性に乏しい法人あるいは活動はどれか、そうした仕分けをすべきだ。そのうえで、たとえば研究重視の大学については国立として残すことはもとより、そこに重点的に研究投資を行うべきである。

国立大学とは直接関係ないが、大阪府では、二〇一一（平成二三）年度から大阪府立大学の文系二学部を廃止し、理系五学部を四学域に再編する方針を決めた。橋下知事の下で「府民にとってなくなると困る大学か」という視点から存廃も含めた抜本的改革案の検討を進めてきた末の結論である。こうした検討は国立大学においても必要になってくるだろう。

その結果、必ずしも国立である必要のない大学については、私学と同じ条件で競わせるとか、あるいは廃止すべきだといった議論が出てくるだろう。いずれにしても、国立大学としては、拱手傍観の態度では生き残れないことを覚悟しなければならない。自らの生き残りを賭けて、地域と連携し、学生本位の教育を展開し、世界に向けて発信し、誰からも「なくてはならない大学」と頼りにされる大学を目指す必要があるのだ。

〈研究大学と教育大学〉

国立大学が生き残るためには、自らの存在価値を主張できなければならない。中期目標や中期計画を見る限りでは、すべての大学が教育および研究面で世界に通用するトップレベルの成果を挙げることをねらっているように見えるが、それはまったく非現実的な夢物語に過ぎない。他の大学に負けないような強い分野で特色を出さなければならないのだ。そのためには、勝ち目のない分野の活動は縮小するしかないだろう。

こうした考え方に対して、はじめから有利な条件を与えられていた旧帝国大学と、戦後になって不利な条件下で大学に昇格した新制大学とを同列に比較するのは不公平だという声もある。しかし過去から築き上げてきた歴史的な蓄積に基づく格差を、今さら解消しようとしても無理なことだ。

そもそも研究活動に関しては、大学間に格差があってはならないなどという理屈はどこにもない。現状を出発点として、競争的な研究環境の下で、日本全体として高い水準の研究活動が推進されるような体制が維持できればよいと考えるべきであろう。

もちろん、個人の知的好奇心に基づき、主として科学研究費補助金などによって支えられる研究については、所属大学の如何を問わず、すべての大学教員に対して申請の機会が平等に与えられ、そのうえで学問的な立場からの公正な審査に基づいて研究費が配分されなければならない。その際に、所属大学によって研究環境に差があるため、それが研究遂行能力にも影響することもある。だがそれはやむをえないことだ。それが不満であれば、所属大学を変えるしかない。

他方、個人ベースの研究とは別に、国として戦略的に推進する必要のある組織的な研究については、まったく事情が異なる。そのような研究においては、そのために必要な人、物、金といった研究資源が充実しているかどうかが重要な要素となってくる。どんなに優れた研究者がいたとしても、一人だけで研究ができるわけではない。それを支える優秀なポスドクや大学院生がいなければ、大きな研究成果を期待することはできないのである。したがって、ある程度の研究基盤が確立していないところに多額の研究費を配分したりするのは決して賢明なやり方とは言えない。限られた予算を研究能力の高い大学に集中的に配分することが重要になってくるのである。

したがって、研究費配分においても、たとえ過去からの蓄積にどのような格差があろうとも、あくまでも現時点を出発点として、それぞれの大学が自分の強みを発揮できるところで勝負していくことが求められるのだ。逆に相対的優位性を主張できない分野の研究については、徐々に縮小していかざるをえないということになる。国立大学としての存在理由を明確にしていくということはそういうことなのだ。

ただし教育については、研究とは別の視点から考える必要がある。大学における組織的な研究は、それがどこの大学で行われようが、日本全体として必要な研究活動が実施されて、その成果が挙がる体制にさえなっていればよい。しかし、教育の場合はそうはいかないだろう。地域的な大学進学機会の確保という要請にも応える必要がある。国民にとって、地元からあまり遠く離れずに、比較的身近なところで高等教育を受けられる機会があるということは大事なことだ。現在は交通手段の発達によりどこへでも短時間で行き来できる時代になったとはいえ、このことは基本的には今後とも考慮されなければならない点だろう。もっとも、そのようにして一定数の学生を確保することができたことが、かえって地方国立大学の体質を閉鎖的にしてきたという負の側面があることも否定することはできない。

いずれにしても、教育の質を高めることは、国立大学に課せられた重大な責務である。そのためには厳しい目で教育の現状を見直し、新しい発想で、学生の立場に立った教育を実現する必要がある。同じ地域内の他の大学との棲み分けを明確にすることは特に重要な課題だ。そのうえで、他の大学では真似のできないような特色を打ち出さなければならない。

新しい発想を生み出すには、外部からの厳しい評価も必要になってくる。学外から新しい人材を導入することも重要なことだ。地域社会との連携を深めるとともに、積極的に外部からの教員採用を進めるべきであろう。現状に対する危機感をバネにして、思い切った自己変革を成し遂げることのできる大学だけが、二一世紀の国立大学として存続する資格を与えられることになるのである。

〈大学間の連携と協力〉

そうした流れの中では、国立大学同士の連携や協力の仕方も変わってこざるをえない。使命も分野も規模も異なる八六校もの国立大学をひとつの方向にまとめようとするのは無意味である。そのようなことをすれば大学の自主自立性を阻害する結果にしかならない。それよりも、個々の大学同士が、行政の指示によるのではなく、それぞれの自由な発想に基づいて、社会的使命を果たすために連携協力することが重要なのだ。その際、使命・目的・専攻分野を共有する大学同士の全国的な連携、多様な大学を含む地域的な連携など、いくつかの連携軸が考えられる。

もちろん、連携協力の範囲を国立大学に限る必要はない。国立、公立、私立を問わず、同じような使命や目的、あるいは専攻分野などを共有する大学同士が、互いに協力しあえる体制をつくるべきだ。単に国立であるという理由だけで、自分たちだけでまとまる必要はないのである。

3　大学の情報公開は進んでいるか

1　教育研究活動の状況についての情報〈情報公開は大学自身のため〉

国の役割の中で今後特に重要性を増すと考えられるのは、情報の提供である。大学が個性ある発展を目指すのであれば、個々の大学がどのような個性あるいは特色を有しているのかという情報が広く社会に行き渡っていなければならない。したがって、入学志望者や一般の国民に対して必要な情報を提供することは、公共機関としての大学の当然の責務であろう。

しかしこのような考え方が一般的になってきたのはここ一〇年あまりのことである。それまでは大学の情報公開が積極的に求められることはなかった。一九九九（平成一一）年に中央省庁の行政文書の情報公開を定めたいわゆる情報公開法が制定されたのを契機に、大学についても同年の大学設置基準改正により「教育研究活動の状況」についての情報公開が義務づけられるようになり、二〇〇六（平成一八）年には学校教育法においても同様の規定が設けられることになった。その後はこれらの規定に則って、各大学ともさまざまな情報を公開し、社会に発信するようになってきた。さらに二〇一〇（平成二二）年には学校教育法施行規則が改正され、公表を義務づけられている「教育研究活動の状況」

を表す具体的な情報の項目が詳細に規定されることになった。

大学にとって教育研究活動に関する情報の公開は、自分たちがどういう考え方でどのような教育研究活動を行い、どのような成果を挙げているかということを広く社会に知ってもらう絶好のチャンスである。そうである以上、多少手間がかかることは覚悟しなければならないが、あえて情報公開を拒んだり、消極的対応をしたりする理由はまったくないはずである。

とはいえ、大学内にはいろいろな意見の持ち主がいる。私の経験では、教員全員の詳細な教育・研究業績一覧をウェブサイト上に公表することに対しては、大学としては研究活動の成果を広く社会に知ってもらうチャンスと考えたが、教員の間では、業績の乏しい教員の存在が白日の下に晒されることに対する躊躇があり、個人情報の保護という理屈で反対する声も強かった。だがこの種の情報は決して個人情報ではない。その点をきちんと筋を通して説明しながら大学の方針として決めることにすれば、少なくともまともな教員で反対する者はいないだろう。

ただしこの種の問題を教授会の判断に委ねてしまうと、事が複雑になるばかりだ。大学の管理運営の基本方針に関しては、教授会ではなく、学部長も参加できる全学的な審議機関などで決めるような体制にしておくことが重要である。

〈知られたくない情報〉

情報の中には、大学として積極的に社会に公表したいものもあれば、逆にあまり知られたくないような情報、できれば隠しておきたいような情報もある。その代表例は、私立大学の財務状況であろう。

誰も自分の懐具合についてはあまり知られたくないのだ。だからこそ、以前から私立学校法では財務書類の作成が義務づけられていたものの、それを公表することまでは求められていなかった。しかし、その後、政府全体の情報公開が進む中で、二〇〇四（平成一六）年の私立学校法改正により、利害関係者に対して財産目録、貸借対照表、収支計算書等を閲覧に供することが義務づけられるようになった。同時に事業報告書と監査報告書を作成して閲覧に供することも義務づけられた。

事業報告書とは、財務書類だけではわかりにくい法人の活動状況をわかりやすく説明するためのものので、財務のほかに、法人の概要や事業の概要についても記載することになっている。事業の概要とは、大学の教育に関する基本的な情報であるから、その中にはたとえば、卒業者数、就職・進学の状況、入学志願者数、入学者数などといった、時には大学として積極的に公表したくないような内容のものが含まれる可能性もある。したがって、その記載の仕方は大学によって千差万別であり、自らに不利と思われる情報まではあえて公開しない大学が多いのが現状だ。

しかし、受験生などにとって一番関心があるのは、実はこういった種類の情報にほかならない。たとえば、現在のような厳しい経済状況が続くと、大学を選ぶに当たって、卒業生の就職状況は大いに気になる。定員割れの大学が増えてくると、実際の入学者数が何人かということもぜひ知っておきたい情報のひとつだ。

もちろん大学の経営についても無関心ではいられないが、そうかといって一般の人が財務諸表を眺めてもそれだけでは何がどうなっているのかはよくわからない。それに対して、入学者数などはもっともわかりやすい経営情報である。入学定員が一〇〇名と書いてあるのに、入学してみたら同級生が一〇人しかいなかったというのでは詐欺も同然である。ところがその種の情報を自主的に公表する大学は少ないのだ。受験生が本当に知りたいと思う情報については、公開が十分に行われているとは言えないのだ。

私立大学といえども一部は税金で賄われている以上、国民、特に受験生にとって必要な基本的なデータを公表することは、大学としての社会的責任である。このたび文部科学省の省令改正によって、二〇一一（平成二三）年度からこうした情報の公表が義務づけられることになったことは大きな前進である。

2　政府による大学情報の公表

〈大学政策の基盤としての大学情報〉

個々の大学に関する情報を提供するのはもちろんそれぞれの大学の義務であるが、しかし政府としても、自らの責任と権限において、国立、公立、私立を問わずすべての大学の基本的な情報を収集・加工して、それを国民に提供する義務があるのではないか。

政府の責任で行うべき情報公開としては、たとえば、受験生や国民一般の便宜だけでなく、大学政策の基礎的な研究資料として役立てる観点から、これだけは必要と考えられる基本的なデータを取りまとめ、それをデータブックなどの形でウェブ上に公表することが考えられる。さらに、国際比較等の観点から必要となる共通のデータ項目の種類を明確にし、政府の責任で、あるいは政府の委託を受けた特定の機関を通じて、各大学からデータを集め、それを取りまとめて統計情報資料としてウェブ上で公表することも必要であろう。

それ以外の情報、つまり政府として収集したり提供したりしない情報に関しては、どのような情報をどのように公開するかは、基本的には個々の大学の自主的な判断に任せておけばよいことである。かつてのように大学が狭き門だったころは、大学がその活動内容について受験生や社会からあまり厳しく問われることもなかったが、今は違う。大学は国内、国外の両面から厳しく監視され、攻められる時代だ。その中でどのような情報をどのような形で公表するかはそれぞれの大学で十分に判断できることである。それぐらいの判断もできないような大学は大学とは言えないだろう。

今回の省令改正では、公表を義務づける情報の項目を詳細に規定しているが、文部科学省があまりに懇切丁寧に指導し過ぎると、大学はいつまでもたっても自立できなくなってしまう。

Ⅶ　未来への志を育てる

1　何のために学ぶのか

1　成熟社会の課題

〈目標の喪失〉

以上、私なりに考えている大学改革の具体的方策について述べてきた。今後の日本の教育研究の水準を高めるために大学や政府に課せられた責任は重い。しかし、いくら大学改革が進んでも、学ぶのは学生自身である。彼らが学ぶ意欲を持たなければ、大学だけがいくら努力しても、期待した成果は得られないだろう。

近年は、東大生の多くが、大学に入学したことで人生の目的を達成したと思っているという実態も報告されている。子供のころからの受験目的の勉強が彼らを大学入学の時点で燃え尽きさせているのだろうか。もしもそうだとしたら、そのような学生にこの国の将来を委ねられるかどうか心配になってくる。大学に入った時こそ、自分の夢や志を実現するために、本気になって勉学に取り組む決意を新たにしてほしいと願うのは私だけではないはずだ。

振り返ってみれば、明治以降の日本にとっては近代化が国家の目標であった。したがって、政府としては近代化の担い手を育成するために教育制度を整備し、学生は国家の発展に尽くすことに人生の高い価値を置いて勉学に励んだ。第二次世界大戦後は、民主化と経済発展が目標となり、大学はそのために貢献できる人材を社会に供給してきた。しかし、一九七〇年代以降、日本の社会が物資的な豊かさを達成するにつれて、日本人は大きな国民的目標を失ってしまった。今日の日本では、かつてのように逆境を克服し、立身出世するために勉強するということはなくなってしまった。最近の若者が昔と比べて学習意欲に乏しいと言われるのは、社会の成熟化と豊かさによるものでもある。

ではそれに代わる新しい目標は何かというと、それもなかなか見えてこない。そこに現代の成熟社会が共通に抱える問題がある。しかし、次代を担う若者に学ぶ目標が見えていないとすれば、それは目標を見せていない大人の側にも責任があるのではないか。

〈何のために学ぶのか〉

人間はなぜ学ぶのか。それは決して受験のためだけではない。人生には大学受験よりももっと大きな目標がたくさんある。学ぶこと自体に喜びを見出す人もいる。一人ひとりの学生にとってみれば、当面の目標は、できるだけ良い成績で大学を卒業することだろう。それが将来の就職にもつながっていく。それはそれで大事なことだ。しかしそのあとはどうするのか。自分が成功すればそれで満足できるだろうか。

どうやら人間は、自分だけが成功すればそれで満足できるというものではないようだ。自分の個人的な利益だけでなく、もっと大きな価値を実現するために貢献したいという気持ちも持っている。「世のため、人のため」に尽くしたいと思っている。最近の若い学生たちにはそのような傾向が特に強い。災害時の救援ボランティア、各種ＮＰＯ活動への関心などがそれを示している。

そうだとすれば、大学には、そのような若者たちの価値観を踏まえて、彼らの社会貢献能力を高めるための教育を提供する責務がある。大学はその責任を果たしているだろうか。

〈持続可能な人類社会の構築〉

二一世紀に入った今日、我々の社会は、以前よりはるかに豊かになったにもかかわらず、言いようのない不安に包まれている。二〇〇一（平成一三）年九月一一日の米国同時多発テロ以後、世界の安全保障の概念が変わってしまった。見えないところにテロの脅威が忍び寄ってくる。世界のどこかで戦争のために尊い命を失う人が跡を絶たない。人々の経済的な格差は、人間の尊厳を損なうほどの規模に拡大している。そして地球環境の変化は我々人類の生存そのものを脅かしている。

問題は、我々はまだそのことの重大さに十分に気がついていないことだ。時代のキーワードは「サステイナビリティ」、持続可能性である。持続可能な人類社会をいかに構築していくか、それがこれからの時代に世界のすべての人々が取り組むべき最大の課題であると言ってよい。

そうだとすれば、大学に課せられた大きな課題は、持続可能な社会を目指して社会のあらゆる分野で活躍する人材を育成することであり、それを通じて人類社会の未来に貢献することではないのか。成熟化した社会に生を受けた今の若い人たちは、古い世代の人間以上に人類の将来を自分の問題としてとらえているし、生きることの意味を真剣に考えている。それだけに、持続可能な社会に向けた挑戦こそは、二一世紀の大学に課せられた大きな責任と言えるのではないか。

我々の生きている社会は、すでに国という枠組を超えてグローバルな規模で活動している。各国とも国益を追求しながらさまざまな政策を展開しているが、そうかといって国益だけを考えていればよい時代ではなくなった。人類社会の共存共生を考えずに国益のみを追求していくならば、いずれ我々の社会は崩壊してしまう。未来を担う若者は、「国のため」という発想だけでは生きていけないのだ。何事も地球規模で動いている時代には、「世界のため、人類のため」という発想を持たなければならない。それも、自分が今生きている世界だけでなく、後々の世代までを視野に入れた時間的・空間的な「人類社会の共存共栄」のためでなければならないのだ。

思えば人類は何十万年にわたって、ＤＮＡの襷をつなぎながら今日まで生き、繁栄してきた。その歴史を我々が勝手に中断するわけにはいかない。次の世代にきちんと襷をつないで、後世に対する責任を果たさなければならない。

日本人はその専門知識や技術力を発揮して、将来に希望を持てる社会を構築することに貢献できるはずだ。そのために一人ひとりが自分の役割を果たしながら、その中で達成感を味わう体験を積み重ねていく。そういう生き方がこれからは求められる。そしてそういう生き方こそが我々に本当の幸せをもたらしてくれるのではないか。

2　志を育てる教育を

〈新しいエリートを育てる〉

持続可能な社会を構築するためには、国際理解、環境、多文化共生、人権、平和、安全、貧困、開発、食糧、エネルギー、防災など、地球規模で取り組まなければならない課題が山積している。決して容易な取組ではない。しかし、人間が生み出した問題ならば、人間の力で解決できないはずはない。ただし、そのためには、人類社会の諸問題の解決に挑戦する高い志を持った人材を育成しなければならない。それがこれからの教育に課せられた大きな課題であろう。

こうした高い志を持った人物はある種のエリートである。あるいはリーダーと言ってもよい。もちろん、いわゆる受験エリートとは違う。高い志と専門性を持って国家社会のために、そして世界のために奉仕できる人のことである。そのような意味での新しいエリートあるいはリーダーを養成することが、これからの日本社会の重要な課題となるべきだ。

彼らが活躍する場はもちろん国内だけではない。海外で自立して仕事をする覚悟が必要だ。世界の人口は二〇五〇年までに現在の六七億人から九〇億人以上に増加すると予測されている。その間、日本の人口は減り続ける。日本人が小さな日本列島の中に閉じこもったままでは、現在のような豊かさを維持しながら生き続けることはできないのだ。人口の何割かは常に国外に飛び出して、世界の発展のために貢献する覚悟を持たなければ、日本人は生きていけない。だからこそ、これからの大学は世界を舞台に活躍できる日本人を養成しなければならない。学校で勉強するのはそのためである、という意識を小学校の時から植え付けることが重要なのだ。

当然のことながら、共通語としての英語を使えることは、これからの日本人にとって必須の要件となってくるだろう。そういう視点に立って日本の教育改革を進める必要があるのだ。過去の延長線上で物事を考えていたのでは、未来を築くことはできない。

〈日本人ならではの世界貢献〉

世界を舞台に活躍するといっても、日本人であることをやめるわけではない。世界のどこへ行こうとも、何をしようとも、日本人には日本人として相応しい生き方がある。正直で誰からも信頼される誠実な人柄、礼儀正しさ、協力精神、細部にまでこだわる丁寧な仕事ぶりなど、我々日本人のDNAには、本人が意識しようとしまいと、日本人ならではの誇るべき伝統的精神が脈々と流れている。それが和魂の本質であろう。だとすれば、我々は和魂を大切に守りながら、高い専門能力を発揮して二一世紀の課題に立ち向かわなければならない。それはもはや和魂洋才ではない。なぜなら洋才だけでは才として狭過ぎるからだ。

持続可能な社会を構築するためには、何よりも、自然との共生、人類の共存共栄を最優先の課題として、諸外国の人たちと一緒になって難題の解決に取り組んでいく情熱と気概が求められる。そのうえで新しい知を創造し、より良い世界をつくるために貢献しなければならない。唯一の被爆国として世界の平和の実現に貢献するという歴史的な使命も負っている。それが日本人としての世界貢献、いや日本人にしかできない世界貢献ではないか。

今はぬるま湯に浸っている若者の中にも、チャンスがあればそこから飛び出して、大きく羽ばたいてみたいというチャレンジ精神の持ち主は大勢いるはずだ。そのような若者の心に火をつけ、行動させるための「志を育てる教育」が、これからの教育の大義でなければならない。この大義を見失ってしまうと、大学改革はただの形だけのものになってしまう。

2　大学の矜持

1　国立大学としての責務

高い志を持ったグローバルリーダーを育成することは、日本の将来にとって重要な課題だ。そのため国立、公立、私立を問わず、各大学がそれぞれの使命を明確にし、それに沿って効果的な教育体制を確立する必要がある。中でも、国立大学は率先して改革を実行しなければならない重要な社会的責任を負っている。専門教育の重心を大学院に移し、学部ではグローバルリーダー養成のための充実した学士課程教育を実践して、国際的に通用する大学としての範を示すべきだ。そういう国立大学が全国の各地域にひとつぐらいは存在しなければならない。それができないようでは国立大学の存在理由が問われることになろう。

具体的なイメージを持ってもらうため、大雑把なスケッチを描いてみることにしよう。たとえば東京大学をはじめとする旧帝大などは、学部を再編して、高度の専門教育を行う大学院と教養教育を土台として専門の基礎を学ぶための学部あるいはカレッジに改組することを検討してみてはどうであろうか。

その際、カレッジのほうは入学定員を減らして、たとえば一学年千人以下にし、場合によっては複数のカレッジを設けてもよい。全体としては大学院の入学定員のほうが多くなるので、大学院生の半分以上は他大学出身者や外国人とする。それによって国際的レベルでの学生の流動性が一層高まることになる。大学院の授業は英語で行い、もちろん教授陣の国際化も図っていく。

こうすればカレッジにおいては全寮制にすることも不可能ではない。大学院の質の向上にもつながる。同一大学内に複数のカレッジが並存し、それぞれが教育の重点の置き方や指導方針の特色を活かしながら、互いに教育の中身で競い合うこともできる。それがひいては異なる国立大学法人の間にも望ましい競争関係を生み出すことになるだろう。

ここで言うカレッジは専門教育を行わないのではない。かつての一般教育のイメージでとらえてはいけない。基礎的な専門教育を太い縦軸とし、幅広い教養教育を横軸にした一体的な教育課程によって、専門性を持った教養人を養成するのがねらいである。縦軸と横軸の比重の置き方は個々の学生の希望に応じて選択できるようにすべきだ。専門教育については主専攻と副専攻を設けるのも一案だ。そして、授業においては教員の一方的な講義をできるだけ避け、学生による読書や調査に基づく発表と討論を重視した、本来の大学に相応しい教育方法を採用しなければならない。さらには全寮制の下での人格の陶冶、肉体と精神の鍛錬を重視した全人教育を実施することが望まれる。こうした点については、分野も規模も教育内容も異なるが、国内では松下政経塾などもひとつの貴重な参考事例を示してくれる。

大事なことは、大学制度を一律にどうするかということではなく、個々の大学がそれぞれの教育の目的、内容、方法のあるべき姿を明確に示し、その実現に向けて主体的に行動するという考え方である。それが日本の大学教育を改善するための基本でなければならない。有力大学には、率先して教育の質を高めるための改革に取り組む責任がある。そうした個々の大学の努力を抜きにしては、たとえどんなに精緻な大学評価の精度を構築したところで、かえって煩雑な作業が増えるばかりで、大学教育の抜本的な改善には結び付かないだろう。

大学の学長には、人類社会の未来を展望した深い洞察力と高い見識に基づく強力なリーダーシップを発揮して、二一世紀の大学の社会的使命を果たす責任がある。それを可能にするために必要な支援策を講じることが、政府による大学行政の要諦でなければならない。地域ブロックごとに学長たちが集まって二一世紀の国立大学像を議論するといったことも有意義なことと思われる。

2　公・私立大学の志と先見性の発揮

国立大学には大学改革の責任があると述べた。特に東京大学を筆頭とする有力大学の責任は重い。だが、そうした大学は歴史も古く、規模も大きいだけに、機動性に欠け、大胆な改革を実行するだけの力を発揮しにくいこともある。それに対して、公立大学や私立大学の中には、強い使命感に燃え、旺盛な行動力を発揮して、積極的に改革に取り組んでいるところが少なくない。

公立大学は地域のニーズを踏まえた明確なビジョンに基づいて、質の高い教育を実践する可能性を秘めているし、主体的に改革を進めやすい条件にも恵まれている。私立大学は大学運営において無駄が少なく、トップの強力なリーダーシップによって新しい試みを実践しやすいという一面も持っている。

一般的に言って、公・私立大学にとって理工系大学院を経営するのは容易なことではない。しかし優れたリベラルアーツ教育を実践するカレッジの経営においては、公立や私立の大学が建学の精神と特色を発揮して、優れた成果を挙げることは十分に可能である。国際的なつながりを活かして、国際交流に力を入れている大学も少なくない。

そうした公立や私立の大学を卒業した学生が社会の各分野で活躍し、あるいはさらに大学院に進学して高度の専門性を身に付けるといった道筋を確立することは、これからの多様な人材養成においてとても重要なことだ。

大事なことは、高い志と先見性のある大学が信念を持って行動することである。公・私立大学にはその力を備えているところが少なくない。今日のような大きな変革期においては、たとえ小さくとも時代を先取りした先駆的な取組を進めることが、日本の大学の将来を変える起爆剤となりうる。その第一歩を踏み出すのは、どこからでも可能だ。まさに隗より始めよ、である。

草原克豪（くさはら・かつひで）

1941年北海道生まれ。東京大学教養学部卒業。1967年から1997年まで文部省に勤務。その間コーネル大学経営行政大学院留学、ユネスコ本部勤務を経て、文部省大臣官房人事課長、高等教育局担当審議官、生涯学習局長等を歴任。1997年から2009年まで拓殖大学北海道短期大学学長・拓殖大学副学長。現在は拓殖大学名誉教授。日本ユネスコ国内委員会委員、日米教育委員会（フルブライト・ジャパン）委員も務める。主な著書に『大学の自律と自立―組織・運営・財政』（共編著、丸善、2001）、『近代日本の世界体験―新渡戸稲造の志と拓殖の精神』（小学館スクウェア、2004）、『日本の大学制度―歴史と展望』（弘文堂、2008）、『「徳」の教育論』（共編著、芙蓉書房出版、2009）。

大学の危機――日本は21世紀の人材を養成しているか

平成22年11月15日　初版1刷発行

著　者　草　原　克　豪
発行者　鯉　渕　友　南
発行所　株式会社　弘　文　堂　101-0062　東京都千代田区神田駿河台1の7
TEL 03(3294)4801　振替 00120-6-53909
http://www.koubundou.co.jp

組　版　堀江制作
印　刷　港北出版印刷
製　本　井上製本所

ISBN 978-4-335-55141-3